EU E MINHA CASA SERVIREMOS AO SENHOR

Direção geral: Fábio Gonçalves Vieira
Capa: Artur Santoni
diagramação e revisão: Bruno Castro

Este livro segue as regras da Nova Ortografia da Língua Portuguesa.

Editora Canção Nova
Rua João Paulo II, s/n – Alto da Bela Vista
12 630-000 Cachoeira Paulista – SP
Tel.: [55] (12) 3186-2600
E-mail: editora@cancaonova.com
loja.cancaonova.com
Twitter: @editoracn

ISBN: 978-85-7677-839-4

Monsenhor Jonas Abib

Eu e minha casa serviremos ao Senhor

Família unida constrói alegria em casa.

Sumário

Deus quer de nós uma decisão

A ALEGRIA EM TER A oportunidade de fazer a apresentação deste livro do monsenhor Jonas é imensa. Primeiro, porque em uma edição antiga deste livro quem a fez foi o meu querido sogro, conhecido do monsenhor desde 1967, professor Wilson D'Angelo Braz, que já foi para a casa do Pai.

Monsenhor Jonas consegue, com a clareza e o discernimento vindos do Espírito Santo, fazer deste livro um manual de santidade pessoal e familiar. Esta obra explica como assumir a bênção de Deus para as novas gerações.

Monsenhor fala diretamente aos nossos corações, apontando o erro e suas consequências e, com mais força ainda, mostrando a solução com um texto de fácil assimilação e orações que nos levam a seguir a mesma decisão tomada por Josué: "Quanto a mim e à minha família, nós serviremos ao Senhor" (Js 24,15).

Lembro-me, como se fosse hoje, da gravação do CD "Eu e minha casa serviremos ao Senhor". Precisávamos gravar uma música que levasse o mesmo título do CD, mas já durante a produção dele, não tínhamos nem a letra para a canção.

Peguei o áudio de uma pregação na qual monsenhor Jonas falava sobre este tema e fui para a capelinha da Casa de Maria munido de papel, caneta e violão. Estava decidido a compor a música.

No mesmo dia a música ficou pronta, e era formada por frases inteiras inspiradas no que o monsenhor Jonas pregava, como esta: "Deus quer de nós uma decisão!".

Esse versículo bíblico sempre esteve nas Sagradas Escrituras, no Livro de Josué, mas monsenhor Jonas, inspiradamente, conseguiu extraí-lo e colocá-lo em evidência, fazendo de sua boca a do profeta a perguntar: "A quem você quer servir?" (cf. Js 24,15).

Nos tempos de hoje, certamente essa pergunta torna-se muito importante, pois muitos esfriaram na fé e outros, em situação ainda pior, não sabem nem como voltar ao caminho do Senhor; perdidos de si mesmos e de Deus, são arrastados pelas correntezas da tentação que quer a todos destruir.

Nossa vontade precisa ser apoiada numa decisão firme, segura, inspirada. Nada melhor que um versículo bíblico como este do Livro de Josué, tão bem explicado pelo monsenhor, para fortalecer nossa opção de construir nossa casa sobre a rocha, que é a vontade de Deus.

Como diz a letra da canção composta na capela da Casa de Maria, "Deus não quer nos condenar, quer de nós uma decisão, para o nosso bem, pra nos salvar". Quando nos decidimos pelo Senhor, atraímos para nós as bênçãos e, assim, a nossa família também é abençoada. Nisso você pode acreditar.

O que está contido neste livro inspirou música, casamentos, atingiu várias gerações, fortaleceu corações, animou, incentivou bons propósitos, converteu a muitos, e certamente lhe ajudará.

Leia-o com carinho, e entoemos juntos, com fé: *Eu e minha casa serviremos ao Senhor!*

Deus abençoe você e sua família.

Diácono Nelsinho Corrêa
Comunidade Canção Nova

Quero servir ao Senhor

Digo sim à bênção

No livro do Deuteronômio podemos ler sobre as bênçãos que são derramadas sobre aqueles que escutam a voz de Deus:

> Se obedecerdes fielmente à voz do Senhor teu Deus, observando e praticando todos os mandamentos que hoje te prescrevo, o Senhor teu Deus te elevará acima de todos os povos da terra. Se obedeceres à voz do Senhor teu Deus, virão sobre ti e te seguirão todas estas bênçãos: Bendito serás na cidade e bendito no campo. Bendito será o fruto do teu ventre, o fruto da terra, a cria dos animais, do gado e das ovelhas. Bendita será tua cesta e tua amassadeira. Bendito serás ao entrar e bendito ao sair. O Senhor desbaratará diante de ti os inimigos que se levantarem contra ti. Se vierem por um caminho, fugirão à tua vista por sete caminhos. O Senhor fará a bênção estar contigo nos celeiros e em todo trabalho de tuas mãos. E o Senhor teu Deus te abençoará na terra que te dá. O Senhor te confirmará como seu povo, conforme te jurou, contanto que guardes os mandamentos do Senhor teu Deus e Andes por seus caminhos. (Dt 28,1-7)

A palavra "bênção" vem de *bem + dição,* e maldição vem de *mal + dição*. São os opostos, como graça e desgraça. Ou estamos no escuro, ou no claro. Ou estamos na bênção, ou na maldição. Se estamos no caminho do Senhor, estamos na luz, na graça, e toda sorte de bênção vem sobre nós. Mas se fugimos da luz, se nos escondemos dela, fatalmente iremos para o escuro, saindo do campo de atuação da bênção.

As células que nos formam vieram de nossos pais. As células que os formaram vieram de nossos avôs. Assim, estamos ligados por laços de sangue. Mas não somos apenas corpo, carne, pois estamos também ligados por laços espirituais. Quer dizer, estamos espiritualmente ligados ao nosso pai e à nossa mãe, e aos nossos avós paternos e maternos. Tudo o que houve de graça e bênção nos nossos antepassados nos foi transmitido.

Se seus pais, avós ou bisavós foram do Senhor, andaram em seus caminhos, obedeceram a suas leis, cumpriram seus mandamentos, só graça e bênção foram derramadas sobre você. Mas se, infelizmente, seus pais e seus antepassados não andaram nos caminhos do Senhor, e não cumpriram seus mandamentos, em sua casa entraram trevas e contaminação. Pior ainda, se eles fizeram coisas desagradáveis ao coração de Deus, servindo a ídolos, a espíritos malignos, participando de cultos que não eram de Deus, rituais de falsas religiões, realizando atos abomináveis ao Senhor, consultando espíritos, acreditando em reencarnação, invocando os mortos, consagrando filhos e fazendo trabalhos com os poderes do mal, rituais, passes para conseguir sorte, terras, dinheiro, casamentos, cura de enfermidades... Se tais atitudes existiriam, realmente houve contaminação espiritual em sua família.

Se há um tuberculoso em nossa casa e não temos os cuidados necessários, a bactéria que provoca a doença (os bacilos) contamina outras pessoas. O mesmo acontece com uma simples gripe, e a contaminação espiritual não é diferente. Acabamos contaminando uns aos outros. Mas o Senhor quer nos libertar, quer cortar todos os laços de contaminação, toda maldição e desgraça que ocorreu em nossas vidas por meio de nossos pais, avós, tios, bisavós, tataravôs e até de nós mesmos.

O Senhor tem poder para isso. Pelo poder do Espírito, pela fé que você tem em Deus, o sangue de Jesus lava a você, sua casa, seus pais, avós, bisavós e todos os que são colocados ao pé da cruz de nosso Senhor Jesus Cristo. Basta querer e seguir o caminho do Senhor para que aconteçam em sua vida todas as bênçãos de que nos fala a Palavra de Deus:

> O Senhor te concederá fartura de bens com o fruto de tuas entranhas, o fruto do gado, o fruto da terra, nesta terra que a teus pais o Senhor jurou que te daria. O Senhor te abrirá seu tesouro de bênçãos, os céus, para dar à terra a chuva em seu tempo, abençoando todo o trabalho de tuas mãos. Darás emprestado a muita nações e não pedirás emprestado de nenhuma. O Senhor fará de ti o primeiro e não o último. Estarás sempre por cima e não por baixo, se obedecerdes aos mandamentos do Senhor teu Deus, que hoje te mando guardar e observar. Não te afastes, nem para a direita nem para a esquerda, de nenhum dos mandamentos que hoje te prescrevo, para seguir outros deuses e prestar-lhes culto. (Dt 28,11-14)

Oração para assumir a bênção de Deus

Assuma diante do Senhor:

Hoje assumo, em meu nome e em nome da minha casa, seguir todas as tuas leis, seguir todos os teus mandamentos; obedecer a todas as tuas ordens que hoje nos prescreves. Nós as colocaremos em prática. Eu e minha casa não nos desviaremos, nem para direita nem para a esquerda, de nenhuma das tuas prescrições. Obrigado, Senhor. Assim seja.

Por isso, clame ao Senhor:

Quero estar unicamente na bênção, Senhor. Não quero estar nem entrar na maldição. Nem eu, nem a minha casa.

Peço-te, Senhor, que pela tua Palavra tu venhas cortar agora toda a maldição que caiu sobre mim e sobre os meus antepassados: meus pais, avós, bisavós, tataravôs... Sobre todos os meus antepassados até a terceira, a quarta, a quinta geração.

Limpa, Senhor, a minha geração, meus antepassados, para que eu e minha casa, eu e os meus, estejamos na bênção, na graça.

Corto toda a maldição. Que a minha casa não esteja mais em desgraça.

Desliga-nos, Senhor, de toda a maldição, de toda a desgraça e liga-nos a toda graça, a toda bênção.

Amém.

Faça também esta oração de entrega:

Lava-me, Senhor, com teu sangue precioso. Lava também toda a minha casa. Tudo que houve de contaminação através dos meus antepassados. Trago, Senhor, ao pé da tua cruz, eu e a minha casa; eu e todos aqueles que são da minha família: meus pais, meus filhos, meus avós, meus bisavós, meus tataravôs e todos os meus antepassados.

Sei que isso é possível, porque para ti não existe tempo. Tudo é presente. Tudo está diante dos teus olhos.

Trago ao pé da tua cruz, Senhor, eu, minha casa, meus antepassados até a terceira, quarta, quinta geração. Trago todos os pecados, todas as contaminações, desgraças, maldições. Coloco tudo isso ao pé da tua cruz.

Peço perdão, Senhor, se os meus antepassados não te seguiram, nem seguiram teus mandamentos.

Peço perdão por mim, pelos meus pais, avós, bisavós, tataravôs, pelos meus antepassados até a terceira, quarta, quinta geração.

Peço que derrames agora o teu sangue precioso e redentor sobre os pecados da minha família e dos meus antepassados.

Coloco o meu coração na tua cruz, Senhor. Trago minha casa, minha família, meus ancestrais ao pé da tua cruz, e entro com eles no teu lado aberto pela lança. Aí os meus antepassados encontram a vida, perdão, redenção, salvação, cura e libertação.

Obrigado, Senhor, porque tiras todo o peso que estava sobre mim e cortas todos os laços de contaminação. Obrigado, porque cortas toda maldição, toda desgraça, todo fruto dos meus erros e dos erros dos meus antepassados.

Amém.

E faça a sua consagração diante do Senhor:

Sou consagrado a ti, Senhor. A minha casa é consagrada a ti. A minha família, meus ancestrais... Somos um povo consagrado a ti. Obrigado, Jesus, porque quebras agora toda e qualquer consagração que foi feita no meu presente ou no meu passado, por mim ou pelos meus antepassados, a qualquer entidade do mal, a qualquer espírito maligno através de qualquer ritual.

Obrigado, Senhor, porque eu e minha casa fomos marcados com o teu nome. Obrigado porque, pelo poder da tua cruz, eu e minha casa, eu e meus antepassados, fomos marcados com o nome do Senhor. Somos um povo consagrado ao Senhor. Amém.

Digo não à maldição

A Palavra de Deus nos fala acerca das bênçãos, e nos prepara quanto às maldições:

> Mas, se não obedeceres à voz do Senhor teu Deus, guardando e praticando todos os seus mandamentos e leis que hoje te prescrevo, eis as maldições que virão sobre ti e te atingirão: Maldito serás na cidade e maldito no campo. Maldita será tua cesta e tua amassadeira. Maldito será o fruto do teu ventre, o fruto da terra, a cria do gado e das ovelhas. (Dt 28,15-18)

Não é o Senhor que quer amaldiçoar, pois Ele não manda maldição a ninguém. Porém, ou você está com Deus ou distante dele. São Pedro atesta que o inimigo é como um leão que nos rodeia, procurando a quem devorar. Só conseguimos amparo, defesa, refúgio debaixo da proteção do Senhor.

No momento em que abandonamos o Senhor entregamo-nos ao mal, ao erro, ao pecado; entramos no caminho da desobediência. Saímos da luz e seguimos rumo às trevas. Imediatamente o inimigo, por ser usurpador, vem, entra e toma posse, mesmo não tendo nenhum direito.

Não é Deus quem traz a maldição ou desgraça a este mundo, mas sim o inimigo. A morte, o Senhor mesmo atesta, veio ao mundo por inveja do demônio. Os que o seguem provocam morte e todas as desgraças e maldições.

> Ora, Deus criou o ser humano incorruptível e o fez à imagem de sua própria natureza: foi por inveja do diabo que a morte entrou no mundo, e experimentam-na os que são do seu partido. (Sb 2,23-24)

As pessoas que, conscientes ou não, praticam rituais malignos ou evocam espíritos de mortos são presas fáceis do inimigo, que ronda para usurpar. Quando ele consegue isso e toma posse, a maldição entra em suas vidas. No mundo espiritual, assim como uma seringa, ou injetamos as graças, a bênção em nosso espírito, ou a maldição e a desgraça.

> Maldito serás ao chegar e maldito ao sair. E o Senhor te enviará a maldição, o pânico e a ameaça em todos os teus empreendimentos, até seres destruído e pereceres bem depressa pela perversidade de tuas ações, pelas quais me abandonaste. (Dt 28,19-20)

O Senhor não deseja falar essas palavras para nós, afinal somos seus escolhidos. Se erramos, o Senhor tem o remédio. Se desobedecemos e fomos rebeldes no passado, hoje queremos entrar na graça e na bênção.

Pela graça de Deus, pela ação do Espírito Santo em você e na sua família, cairá por terra todo o mal, nada o prenderá, porque Deus está em você. Você é o templo do Espírito Santo. Somente este Deus Trino e Santo, que habita em nós, pode dar-nos plena liberdade.

Pela graça do Espírito Santo, não há mais o que temer, o que chorar, restando somente júbilo, alegria, porque o inimigo será acorrentado e vencido. Seja qual for a sua situação, Jesus está lhe chamando, como chamou Mateus: "Ao passar, Jesus viu um homem chamado Mateus, sentado na coletoria de impostos, e disse-lhe: 'Segue-me!'. Ele se levantou e o seguiu" (Mt 9,9).

Também somos como coletores de impostos, cheios de falhas e pecados. Embora não sejamos merecedores, sentamos à mesa de Jesus com seus discípulos, como Mateus e outros pecadores:

> Depois, enquanto estava à mesa na casa de Mateus, vieram muitos publicanos e pecadores e sentaram-se à mesa, junto com Jesus e seus discípulos. Alguns fariseus viram isso e disseram aos discípulos: "Por que vosso mestre come com os publicanos e pecadores?" Tendo ouvido a pergunta, Jesus disse: "Não são as pessoas com saúde que precisam de médico, mas as doentes. Ide, pois, aprender o que significa: 'Misericórdia eu quero, não sacrifícios'. De fato, não é a justos que vim chamar, mas a pecadores". (Mt 9,10-13)

Dê sua resposta ao Senhor: "Eu me levanto, Senhor, e te sigo. Quero permanecer em pé. Quero permanecer te seguindo, meu Senhor e meu Deus".

"Quando Cristo, vossa vida, se manifestar, então vós também sereis manifestados com ele, cheios de glória" (Cl 3,4). Este será o mais lindo espetáculo já visto. Você e toda a sua família são convidados a participar dessa maravilha. É isso que nos mostra a Carta aos Colossenses:

> Se ressuscitastes com Cristo, buscai as coisas do alto, onde Cristo está entronizado à direita de Deus; cuidai das coisas do alto, não do que é da terra. Pois morrestes, e a vossa vida está escondida com Cristo em Deus. Quando Cristo, vossa vida, se manifestar, então vós também sereis manifestados com ele, cheios de glória. (Cl 3,1-4)

Se estivermos vivos, nós e cada um de nossos entes queridos seremos arrebatados e nos uniremos a Jesus, que virá em glória. Se morrermos em Cristo, ressuscitaremos e estaremos com o Senhor. Também apareceremos com Ele em plena glória, numa grande festa:

> Portanto, mortificai os vossos membros, isto é, o que em vós pertence à terra: imoralidade sexual, impureza, paixão, maus desejos, especialmente a ganância, que é uma idolatria. Estas coisas é que provocam a ira de Deus. Foi assim que vós também procedestes outrora, quando vivíeis nessas desordens. Agora, porém, rejeitai tudo isto: ira, furor, malvadeza, ultrajes, e

> não saia de vossa boca nenhuma palavra indecente; também não mintais uns aos outros, pois já vos despojastes do homem velho e da sua maneira de agir e vos revestistes do homem novo, o qual vai sendo sempre renovado à imagem do seu criador, a fim de alcançar um conhecimento cada vez mais perfeito. (Cl 3,5-10)

Ira é o sentimento de irritação, raiva, rancor generalizado em função de alguma situação. Mesmo que esse sentimento surja diante de coisas erradas, o Senhor quer nos convencer de que o remédio humano que usamos não é eficiente. Gritar com o filho, xingar, bater, reagir com ira não resolve. Deus nos ensina que a única solução é o amor.

Às vezes, você é obrigado a corrigir e castigar, mas nada disso pode ser feito sob a influência da ira. Você pode ter todas as razões para falar firmemente com o seu cônjuge, a fim de corrigi-lo... Mas saiba que a solução não vem por meio da ira, que não é de Deus. A solução é o amor! Essa é a nossa essência.

O Espírito Santo é quem semeia o amor em nós. Pais e filhos precisam usar esse sentimento santo que têm semeado no próprio coração. Precisamos acabar com a nossa má vontade dentro de casa, que às vezes é justificada pelo cansaço. O amor supera tudo, até mesmo o cansaço. Deus já semeou em nós a "boa vontade", e ela deve ser usada também nas horas difíceis.

O cuidado com as palavras é muito importante, principalmente entre os esposos. As palavras dos esposos, unidos pelo Sacramento do Matrimônio, deve ser de bênção, ou seja, "bem + dição". Portanto, devem-se dizer palavras de bem, e não de "mal + dição", que é ofender, falar mal um do outro e difamar.

Quando você fala algo ruim, é como se quisesse que aquilo acontecesse! Equivale a rogar uma praga, lançar uma maldição. Por isso, tome cuidado com as suas palavras, porque ou elas são bênçãos ou maldições!

Sem que você perceba, a palavra de maledicência acaba sendo a palavra de maldição. Embora não queria semear uma erva venenosa, se você deixar as sementes escaparem por entre os dedos, elas frutificarão!

O marido não pode falar mal de sua esposa, assim como ela não pode fazê-lo com ele. Os filhos não podem falar mal dos pais e dos irmãos, nem vice-versa.

Cuidado com o que você fala, pois suas palavras são sementes. E o inimigo quer que elas caiam e frutifiquem.

Suas palavras precisam ser bênção. Se o marido errou, diga palavras de bênção a ele para tirá-lo do erro e levantá-lo da lama. Tal atitude também deve ser tomada com a esposa e os filhos. Cuidado com as suas palavras....

A vontade de Deus é a santificação de cada um dos membros da sua família. Não jogue seu filho, sua filha, seu marido, sua esposa na "lata do lixo". É isso que o inimigo deseja. Nosso coração está repleto de *malvadez*. Somos ruins e fazemos maldades uns com os outros. É preciso arrancar toda a maldade do nosso coração, as grosserias, as palavras pesadas, os palavrões...

Oração para romper com a maldição

Proclame agora:

Obrigado, Senhor, porque tu me chamaste. Eu me lanço na fornalha ardente da tua misericórdia, Senhor. Eu me lanço no teu coração, no teu amor.

"Eu e minha casa serviremos ao Senhor." Por isso eu me arrependo de todos os meus pecados. Digo "não" ao pecado. Rompo com o pecado. Peço-te, Senhor, corta da minha vida todos os atos de pecado, todos os pensamentos, sentimentos e palavra de pecado.

Peço-te, Senhor, lava a minha mente, meus olhos, meus ouvidos, meu coração, meus sentidos, de todo pecado, de toda contaminação que entrou por eles.

Lava todo o meu corpo de todos os pecados que penetraram em mim pela minha sensibilidade.

Lava o meu coração de todos os maus sentimentos, falsos, mentirosos, de raiva, de rancor, ódio, vingança. Lava-me, Senhor, da minha malícia, de toda a impureza: da mente, do corpo, dos sentimentos.

Lava os meus lábios de toda palavra falsa, mentirosa, desleal, hipócrita, suja, maliciosa. De toda palavra que prejudicou, ofendeu, agravou, machucou o próximo.

Faze como fizeste com o profeta Isaías: traz uma brasa ardente, vinda do teu altar, e purifica os meus lábios e o meu coração.

Assim como o Senhor assumiu sobre si os pecados da humanidade e os levou à cruz, assumo todos os pecados da minha casa, das pessoas da minha família. Mas como não posso ficar com eles, eu me achego à tua cruz. Subo à tua cruz e me faço um contigo. Eu me deixo pregar na tua cruz, para que o meu pecado e o pecado da minha família também sejam pregados na cruz, os pecados conscientes e inconscientes.

Já não há condenação para nenhum daqueles que estão em Cristo Jesus. Eu e minha casa somos do Senhor Jesus.

"Portanto, se alguém está em Cristo, é criatura nova. O que era antigo passou, agora tudo é novo" (2Cor 5,17).

Creio nisso, Senhor. Eu me faço novo agora, na tua cruz.

Creio que um por um dos membros da minha família há de se render, se entregar, se converter a ti (mesmo que demore um pouco). Receberão o teu sangue e serão perdoados, purificados, restaurados, "feitos de novo".

Imponho a tua cruz, Senhor, sobre mim, sobre a minha casa e a minha família. Entronizo a tua cruz na minha família.

Amém.

Faça agora a oração de renúncia com as mãos apoiadas na Bíblia:

Senhor Jesus Cristo, creio que tu és o Filho de Deus, o único caminho para Deus; que morreste na cruz por meus pecados e por mim ressuscitasse dos mortos. E assim, Senhor Jesus, eu me submeto a ti e me comprometo a servir-te e a obedecer-te. Tomo posição contra qualquer força maligna das trevas que, de alguma forma, tenha vindo à minha vida, quer por meus próprios atos, quer por atos de minha família ou de meus antepassados.

Onde quer que haja trevas na minha vida, quaisquer forças malignas, eu renuncio a elas agora, Senhor. Recuso-me a submeter-me a elas por mais tempo.

E no nome poderoso de Jesus, o Filho de Deus, tomo a autoridade sobre todas as forças do mal que me atormentam. Desligo-me delas e liberto-me totalmente do seu poder.

Invoco o Espírito Santo de Deus para invadir o meu ser e realizar a minha libertação, o meu desligamento do mal, inteira e realmente. Em nome de Jesus Cristo.

Amém.

Ou santos ou nada

Há algum tempo, conheci um rapaz que teve um encontro com Deus por meio da Renovação Carismática. Ele pertencia a uma família conhecida e rica; tinha entre 20 e 22 anos e sentiu o chamado para a vocação sacerdotal. Quando contou aos seus pais e irmãos sobre seu desejo de ir para o seminário e caminhar para o sacerdócio, a família foi totalmente contra a sua vontade. Disseram que se ele quisesse realmente ir para o seminário, deveria renunciar a sua parte da herança.

Seu pai só pensava em dinheiro, por isso suspeitava que houvessem induzido seu filho a esta decisão para ficar com a sua fortuna. Os pais e irmãos tinham certeza de que ele não renunciaria à herança que lhe cabia como filho... Mas se enganaram. Diante de toda pressão, ele foi ao cartório e assinou todos os papéis declarando que, livremente, renunciava à sua parte na herança.

É esse o sentido do verbo despojar encontrado na Sagrada Escritura:

> Precisais deixar a vossa antiga maneira de viver e despojar-vos do homem velho, que vai se corrompendo ao sabor das paixões enganadoras. Precisais renovar-vos pela transformação espiritual de vossa mente, e vestir-vos do homem novo, criado à imagem de Deus, na verdadeira justiça e santidade. (Ef 4,22-24)

Faça como o rapaz cuja história lhes contei: renuncie; abandone a vida passada de pecado. Tire essa "roupa velha". Deus, por meio de seu Espírito, quer fazer em nós obra nova e deixar totalmente para trás nosso passado de erro. É preciso apenas uma decisão nossa. E o Espírito Santo precisa agir nessa decisão: "Precisais renovar-vos pela transformação espiritual de vossa mente [...]" (Ef 4,23).

A tentação incute em nossa cabeça e em nosso coração a falsa impressão de que não somos capazes de viver em santidade: "Santidade é um exagero, um fanatismo, e não é para mim! Para mim, um 'mais ou menos' é o suficiente". Ela quer nos convencer de que isso é humildade: "Quem sou eu para chegar à santidade? Já existem os santos que foram canonizados e estão nos altares! Eu não; sou muito simples. Preciso ser humilde. Por isso não quero este 'negócio' de santidade".

Mas não deve ser assim, pois foi o Senhor que nos disse: "Sede santos, porque eu, o Senhor vosso Deus, sou santo" (Lv 19,2b) e "Sede, portanto, perfeitos como o vosso Pai celeste é perfeito" (Mt 5,48). Nosso caminho é a santidade. Fomos criados à imagem de Deus. Precisamos ser a semelhança do Pai. Essa é a obra do Espírito Santo em nós.

Se você guardar um frasco de perfume vazio e, depois de algum tempo, abri-lo, sentirá ainda seu aroma, pois o frasco ficou impregnado dele. É por isso que o Senhor nos encheu com o Espírito Santo, para nos impregnar com a sua santidade. Não é a nossa santidade, nem a nossa perfeição, mas a de Deus. Ele tem o direito de nos preencher com sua santidade e perfeição.

É preciso dar a Deus o direito de ser Deus em nós. Ele nos deu o Espírito Santo para imprimir em nós a sua santidade. Por isso é preciso que sejamos "renovados pela transformação espiritual de nossa mente" e renunciemos ao conceito errado de que não merecemos ser santos; que não somos dignos, que santidade não é para nós, que não somos capazes. Precisamos cumprir sua ordem: "Sede santos, porque eu, o Senhor vosso Deus, sou santo" (Lv 19,2b).

Assuma como missão de vida essa frase: "Ou Santos ou nada". Pode parecer algo impossível de realizar, mas no momento em que você permite, a graça acontece. No mundo espiritual, ser santo é tão fácil quanto conceber um filho. Basta deixar Deus, por meio de seu Espírito, injetar em nós sua santidade. Ou renovamos, sem cessar, os sentimentos da nossa alma e assumimos: "Quero ser santo", remando contra a correnteza deste mundo corrompido e lutando a cada dia para alcançar a santidade, ou somos levados pela enxurrada desse rio sujo e poluído. Precisamos viver em santidade, por isso, "ou santos ou nada".

Na Carta aos Tessalonicenses, São Paulo nos convida a viver essa santidade:

> Enfim, irmãos, nós vos pedimos e exortamos, no Senhor Jesus, que progridais sempre mais no modo de proceder para agradar a Deus. Vós o aprendestes de nós, e já o praticais. Oxalá continueis progredindo cada vez mais. Sabeis quais são as normas que vos temos dado da parte do Senhor Jesus. A vontade de Deus é que sejais santos e que vos afasteis da imoralidade sexual. Deus não nos chamou para a impureza, mas para a santidade. (1Ts 4,1-3.7)

Os tessalonicenses estavam preocupados com as pessoas que morriam antes da vinda de Jesus. Elas seriam salvas? Participariam de "céus novos e uma terra nova"? Todos tinham uma viva expectativa da vinda do Senhor, que era colocada pelo próprio Espírito Santo.

Hoje vivemos a mesma expectativa: a efusão do Espírito Santo nos foi dada e o próprio Espírito suscitou em nós a viva espera da vinda do Senhor. Essa espera não nos deixa de braços cruzados, mas nos impulsiona para a santidade. A primeira e a última geração receberão a mesma graça.

> Eis o que temos a vos dizer, de acordo com a palavra do Senhor: nós, os vivos, os que ficarmos em vida até a vinda do Senhor, não passaremos à frente dos que tiverem morrido. Pois o Senhor mesmo, à voz do arcanjo e ao som da trombeta de Deus, descerá do Céu. E então ressuscitarão, em primeiro lugar, os que morreram em Cristo; depois, nós, os vivos, que ainda

> estivermos em vida, seremos arrebatados, junto com eles, sobre as nuvens, ao encontro do Senhor, nos ares. E, assim, estaremos sempre com o Senhor. Reconfortai-vos, pois, uns aos outros com estas palavras. Deus não nos destinou para a ira, mas para alcançarmos a salvação por nosso Senhor Jesus Cristo. (1Ts 4,15-18.5,9)

Somos eleitos e viveremos o que essa Palavra nos revela. Podemos nos inspirar na música "Como são belos", de Pe. Zezinho:

Como são belos os pés do mensageiro que anuncia a paz,
Como são belos os pés do mensageiro que anuncia o Senhor.
Ele vive, Ele reina, Ele é Deus e Senhor.
O Senhor chegou com toda glória, vivo Ele está,
Ele está bem junto a nós, seu corpo santo a nos tocar,
E vivo, eu sei, Ele está.

Há, ainda, outra música chamada "Então se verá", de Corinhos Evangélicos, que nos sensibiliza sobre a vida do Senhor:

Então se verá o Filho do Homem
Vindo sobre as nuvens com poder e glória.
Porque assim como um relâmpago
Que sai do oriente e se mostra no ocidente,
Há de ser a vinda do Filho do Homem.

Alegremo-nos, pois a glória do Senhor está próxima! Sofremos porque estamos misturados com o joio deste mundo, mas teremos a grande recompensa: veremos o Senhor vindo com poder e glória! Vale a pena sofrer agora, lutar pela santidade e romper com o pecado. Vale a pena remar contra a correnteza e ser diferente.

Os que estiverem vivos na vinda do Senhor, serão arrebatados ao seu encontro nos ares. Mas e os mortos? O que acontecerá com eles? A Palavra nos esclarece: "Pois o Senhor mesmo, à voz do arcanjo e ao som da trombeta de Deus, descerá do céu. E então ressuscitarão, em primeiro lugar, os que morreram em Cristo" (1Ts 4,16).

Atenção: os que morreram em Cristo ressuscitarão.

Precisamos levar a sério a Palavra: "Quanto a mim e à minha família, nós serviremos ao Senhor" (Js 24,15). Você quer ver os seus familiares ressuscitados? Quer ser arrebatado junto com eles? Para isso, é preciso que cada um deles viva em Cristo, para também morrer em Cristo. É preciso lutar contra o pecado e arremeter-se rumo à santidade: "A vontade de Deus é que sejais santos e que vos afasteis da imoralidade sexual" (1Ts 4,3).

Não devemos temer, pois se morrermos em Cristo, lutando contra o pecado e buscando a santidade, certamente ressuscitaremos. Está escrito na Carta aos Coríntios: "Não só os mortos ressuscitarão incorruptíveis, mas nós também seremos transformados" (1Cor 15,52b).

Se não tivermos morrido, deixaremos este corpo mortal e receberemos um corpo glorioso, como o corpo de Cristo ou o de Maria. Seremos arrebatados ao encontro do Senhor, nos ares, quando Ele vier! Será o mais lindo espetáculo da terra: "Deus não nos destinou para a ira, mas para alcançarmos a salvação por nosso Senhor Jesus Cristo" (1Ts 5,9).

Não somos destinados à ira, mas sim a alcançar a salvação por Nosso Senhor Jesus Cristo. Deus não quer que sejamos o joio, que será arrancado e lançado ao fogo, mas sim o trigo de Deus que será levado com o Senhor.

Vamos deixar o "homem velho" e conquistar o "homem novo". Não é impossível! Por meio do Espírito Santo que nos foi dado, é possível. Deus nunca nos pede algo impossível de ser realizado, ao contrário, se Ele está pedindo, significa que é possível. Por meio de seu Espírito chegaremos à santidade. Basta querer, lutar... E tudo acontecerá!

Oração de renúncia à vida passada

Renuncie agora:

Senhor, renuncio à vida passada, pela moção do Espírito Santo. Assino este papel de renúncia da minha vida passada.

Espírito Santo, faça em mim a obra de restauração que é necessária. Não quero mais nada da vida passada. Essa herança não mais me pertence.

Limpa-me. Purifica-me. Cura-me. Liberta-me. Trabalha no meu passado. "Passou-se o que era velho, eis que tudo se faz novo."

Amém.

Santidade: sinônimo de pureza

Na primeira Carta aos Tessalonicenses, São Paulo nos orienta:

> Saiba cada um de vós viver seu matrimônio com santidade e com honra, sem se deixar levar pelas paixões, como fazem os pagãos que não conhecem a Deus. Neste assunto, ninguém prejudique ou lese o irmão, pois o Senhor é vingador de todas estas coisas, como já vos dissemos e atestamos. Deus não nos chamou para a impureza, mas para a santidade. Portanto, quem rejeita esta instrução não rejeita a uma pessoa humana, mas ao próprio Deus, que vos dá também o seu Espírito Santo. (1Ts 4,4-8)

Rejeitar o ensinamento do Senhor é desprezar o próprio Deus que nos deu o seu Espírito Santo.

É preciso compreender que santidade não é só pureza, castidade, mas também viver uma sexualidade santa. O inimigo usa-a para impedir o nosso caminho de santificação.

Deus quis que o homem e a mulher participassem do seu poder criador, por isso lhes concedeu órgãos de geração. É pela sexualidade masculina e feminina que são gerados filhos para Deus. A nossa sexualidade é santa e nos foi dada para a santidade.

O inimigo, sabendo disso, usa-a para nos levar à perdição. É chegado o momento de darmos um basta nessa situação! Não somos mais tolos nem mais ingênuos nas mãos do inimigo. Já fomos muito enganados pela tentação, que usa a influência do mundo para nos destruir.

Apesar de deixarmo-nos enganar e termos errado em tantas situações na infância, adolescência, juventude, e até mesmo depois de casados, havia algo em nosso interior que dizia "não". Havia algo no fundo do nosso coração que não concordava com isso. É por isso que agora precisamos dizer "não" ao tentador: "Você já me enganou demais, já foi sujo e covarde comigo. Agora eu digo não! Rompo com seus propósitos e não quero mais saber das suas mentiras. Não sou mais tolo."

Ao mesmo tempo, é preciso pedir: *Transforma, Senhor, a minha mente, meu coração, meus sentimentos. Muda até mesmo o meu corpo que ficou machucado, ferido, contaminado por tudo isso. Quero viver a pureza. Quero viver em santidade.* Deus nos quer santos! Precisamos dizer um "não" definitivo ao pecado.

A adolescência é uma fase em que as primeiras experiências são vivenciadas: masturbação, garotada na rua, o contato com a bebida... No fundo, sabe-se que isso é errado... Mesmo que ninguém o diga, o coração não se engana. Deus imprimiu a sua imagem, a sua santidade em nós. Por isso, quando pecamos, ficamos envergonhados. Já não rezamos mais, não vamos à igreja nem comungamos. Por medo de confessar e sentir vergonha, preferimos largar a Igreja, abandonar a Deus.

O tentador nos leva a ter pensamentos e desejos errados. Depois nos envergonha, mostrando-nos a nossa própria sujeira e impede-nos de confessar e de voltar à Igreja e à oração. O inimigo faz tudo isso para impedir a nossa santificação. Mas Deus quer povoar o Céu com muitos homens e muitas mulheres.

Quando o Senhor voltar, é preciso que nós, assim como os apóstolos, os patriarcas e os profetas, estejamos firmes na luta contra o pecado e na busca de santidade.

O inimigo sabe o valor do homem dentro do lar, dentro da igreja doméstica, que é a família. As mulheres têm suportado muitas coisas sozinhas e a igreja tem ficado sem o "sacerdote", sem a cabeça.

O inimigo insinua aos homens que ainda são atraentes, capazes de seduzir, contando ainda com a ajuda das novelas, revistas, conversas de amigos. Facilidades não faltam para que o homem caia no erro. O inimigo faz de tudo para derrotá-lo, pois não quer que o Céu seja povoado de homens.

Chegou a hora de dizer "basta"! É chegado o momento de assumir a santidade, que é sinônimo de pureza.

O inimigo é tão sujo que quer fazer com as mulheres o mesmo que faz com os homens. Por isso, faço um alerta a todas:

Mulheres, não deixem que o inimigo lhes perturbe. Sua sexualidade é um presente divino, é participação no poder criador de Deus. Uma vez fecundada, em seu próprio corpo gerará um filho para Deus. Depois continua gerando-o para a santidade. Isso é maravilhoso. Você é a educadora de seus filhos e de seu próprio marido. Deus conta com você para levá-los à santidade.

É certo que você quer chegar diante do Pai e dizer: "Deus, estamos todos aqui. Não foi fácil trazer meu marido e cada um dos meus filhos, mas estamos aqui. Missão cumprida, Senhor".

Deus lhe uniu em casamento para levar seu marido e toda a sua família de volta para Ele. A nossa aventura é lutar para que toda nossa família seja transplantada, como um canteiro, para o jardim do Céu.

Na Carta aos Efésios fica muito claro que o mal está por toda parte: "Pois a nossa luta não é contra o sangue e a carne, mas contra os principados, as potestades, os dominadores deste mundo tenebroso, os espíritos malignos espalhados pelo espaço" (Ef 6,12).

Quem cria confusão nos mais diversos ambientes é o inimigo. Ele cultiva no coração do ser humano ressentimentos e mágoas, unindo uma ferida a outra, um acontecimento ao outro e criando desentendimento entre os casais, de modo que, quando menos se espera, a confusão já está presente dentro de casa.

Então, ressentimentos, mágoas e antigos problemas não resolvidos vêm à tona e surgem discussões de situações vividas ainda no tempo do namoro: "Quando você falou aquilo... Quando fez tal coisa...". Esses sentimentos são trabalhados no inconsciente sem que percebamos, criando barreiras entre os casais. Uma "guerra fria" que, pouco a pouco, destrói tudo...

O inimigo sabe como usar tanto o marido decepcionado como a mulher ressentida para destruir o casamento. É fácil colocar no caminho da mulher "o homem dos seus sonhos": carinhoso, atencioso, que sabe elogiar... Tão diferente do marido bruto, que só critica, que nunca entende, que não tem tempo e só a faz de empregada! Também é fácil colocar no caminho do marido decepcionado uma menina bonita, atraente, sensual... A colega que escuta e dá atenção. Primeiramente o inimigo trabalha cultivando as feridas, os ressentimentos, as decepções; depois mostra a "isca" para a mordermos e cairmos no anzol. E, então, o casamento é abalado!

Quando uma mulher percebe um nódulo no seio, imediatamente busca extirpá-lo para evitar o crescimento do câncer. Da mesma maneira, se você está sentindo esses pequenos sinais de alerta no seu casamento, extirpe-os logo de uma vez. Não permita que o mal destrua seu matrimônio e sua família.

O inimigo também age contra os filhos. Ele sabe como trabalhar os ressentimentos deles e transformá-los em revolta. É como um nódulo canceroso que o inimigo criou e cultivou. Por isso, é preciso extingui-lo enquanto é tempo.

Se você é filho, peça ao Espírito Santo que desperte amor em seu coração. Se tem ressentimentos contra seus pais, peça ao Espírito Santo que transforme isso em amor! Se é casado, peça também ao Espírito que transforme a dificuldade vivida no relacionamento em amor, que Deus plantou no seu coração e no do(a) seu(sua) cônjuge.

"A vontade de Deus é que sejais santos" (1Ts 4,3a). O lar é o lugar propício para a santificação. Marido e mulher, pais e filhos são como facas que se amolam uma na outra. A santidade acontece nesse "tubo de ensaio" que Deus preparou cuidadosamente. É nele que Ele quer formar os seus santos: mulheres santas, homens santos, pais e filhos santos. É na família, por mais difícil que possa parecer, que Deus quer formar santos. Não podemos destruir esse "tubo de ensaio" nem permitir que o inimigo o destrua. Seu desejo é impedir a vontade de Deus: a nossa santificação e a da nossa família.

Quantas revistas, filmes, quadros, pôsteres entram em nossa casa, mas nunca deveriam ter entrado, pois poluem o nosso lar? Podemos pensar que são inofensivos, mas se levamos lixo para dentro de casa, logo aparecem o mau cheiro, as moscas, as baratas... Essa sujeira espiritual faz dela o lugar ideal para a instalação das forças do mal.

Precisamos ser radicais, para que esse lixo não entre mais em nossa casa. Essa é a vontade de Deus: a santificação da nossa família! Se não mudarmos, seja por comodismo ou por não saber como agir, a contaminação entrará e fará estragos na família e no casamento.

A nossa casa é santa, porque proveio de Deus. Apesar de todos os problemas, foi Ele quem a quis. A nossa família não é simplesmente vontade humana, mas vontade de Deus! Sua família começou no altar, pelo sacramento do matrimônio. A sua casa é santa e assim precisa conservar-se!

Oração para a santidade na família

Peça essa santidade:

Espírito Santo, podes me fazer santo, tens toda a liberdade. Neste momento, renuncio a todo pensamento e sentimento contrários à santidade, e renovo a minha mente, acolhendo tuas ideias e não as minhas.

Quero ser santo, preciso ser santo, e vou ser santo!

Espírito Santo, eu me entrego, podes me fazer santo. Não quero nada menos do que a santidade.

Quero a salvação da minha família

Com Deus realizaremos façanhas

VEJA ESSA PASSAGEM DO Livro dos Salmos: "Vem em nosso auxílio contra o adversário, porque vã é a salvação do homem. Com Deus faremos prodígios, ele esmagará os nossos inimigos" (Sl 108,13-14).

O adversário do qual fala esse trecho do Evangelho não são os inimigos humanos, nem as pessoas que se opõem a nós ou nos perseguem. O adversário é satanás. O Senhor nos revela que é vão qualquer socorro humano. O que nos ajudará é o socorro sobrenatural, que vem unicamente de Deus. Precisamos que Ele esmague os nossos inimigos.

"Com Deus faremos prodígios, ele esmagará os nossos inimigos". Dizer que realizaremos prodígios significa que coisas extraordinárias acontecerão; não por nós mesmos, mas com o Senhor ao nosso lado!

Moisés conduziu o povo israelita até a terra prometida. Porém Deus já havia lhe revelado que ele não entraria naquele local. Quem entrou conduzindo o povo foi Josué. Deus realizou maravilhas através dele, como desmoronar as muralhas de Jericó para que o povo israelita tomasse posse daquelas terras. Depois de quarenta anos de sofrimento e peregrinação até a terra prometida, e de toda a escravidão sofrida no Egito, o povo tomou posse de sua terra e, enfim, pôde prosperar.

Num certo momento de paz e prosperidade, começaram a juntar-se com os povos vizinhos e foram influenciados pelos pagãos. Cobiçavam suas riquezas, seus esplendores, sua vida e seus costumes. Vendo tal situação, Deus colocou-os diante de uma escolha e de uma decisão: a quem seguiriam.

Esse não é um fato que pode ficar isolado no passado. Vivemos hoje como no tempo de Josué. Também a nós o Senhor impõe uma decisão:

> Agora, pois, temei ao Senhor e servi-o de coração íntegro e sincero. Lançai fora os deuses a quem os vossos pais serviram do outro lado do rio Eufrates e no Egito e servi ao Senhor. Contudo, se vos desagrada servir ao Senhor, escolhei hoje a quem quereis servir [...] (Js 24,14-15a)

Deus não podia aceitar que aquele povo ficasse pulando nos dois galhos da forquilha, como passarinho. Era preciso decidir!

> Contudo, se vos desagrada servir ao Senhor, escolhei hoje a quem quereis servir: se aos deuses a quem vossos pais serviram no outro lado do rio ou aos deuses dos amorreus, em cuja terra habitais. Quanto a mim e a minha família, nós serviremos ao Senhor". O povo respondeu: "Longe de nós abandonarmos o Senhor para servir a deuses alheios. Pois o Senhor, nosso Deus, foi quem nos tirou, a nós e a nossos pais, da terra do Egito, da casa da escravidão. Portanto, nós também serviremos ao Senhor, porque ele é nosso Deus". (Js 24,15-17a.18b)

A cada um de nós o Senhor faz essa mesma proposta e espera uma resposta: "Escolhei hoje a quem quereis servir". Ele mesmo quer nos conduzir a uma decisão consciente, sem sermos motivados pela emoção. Guiados pelo Espírito Santo, precisamos tomar uma decisão real, objetiva, concreta e que nos leve à vida.

"Quanto a mim e a minha família, nós serviremos ao Senhor" (Js 24,15). No momento em que assumimos essa responsabilidade, tudo começa a mudar. Se na sua casa você é o único que realmente serve ao Senhor, saiba que Deus o escolheu para ser sal em seu lar. Mas qual é a missão do sal?

No Evangelho de Mateus essa pergunta nos é respondida: "Vós sois o sal da terra. Ora, se o sal perde seu sabor, com que se salgará? Não servirá para mais nada, senão para ser jogado fora e pisado pelas pessoas" (Mt 5,13).

Não foi você que escolheu ser sal, e sim o Senhor, que o constituiu para transformar todas as coisas em sua casa, seja você pai ou mãe ou até mesmo um jovem filho. O sal não apenas preserva da corrupção, mas liberta por meio da ação do Espírito.

O Espírito Santo que está em nós possibilita-nos acabar com toda corrupção e retirar o pecado da nossa casa. Não há o que temer, apenas acreditar: "Vem em nosso auxílio contra o adversário, porque vã é a salvação do homem" (Sl 108,13).

Sou um escolhido do Senhor

Vivemos tempos semelhantes aos de Noé:

> O Senhor viu o quanto havia crescido a maldade das pessoas na terra e como todos os projetos de seus corações tendiam unicamente para o mal. Então o Senhor arrependeu-se de ter feito o ser humano na terra e ficou com o coração magoado. E o Senhor disse: "Vou exterminar da face da terra o ser humano que criei e, com ele, os animais, o que se move pelo chão e até as

> aves do céu, pois estou arrependido de os ter feito". Noé, porém, encontrou graça aos olhos do Senhor. (Gn 6,5-8)

O coração de Deus estava ferido a ponto de arrepender-se da criação, mas Noé encontrou "graça" diante dele. Não que ele fosse bom, justo ou perfeito. Mas Deus o escolheu e o amou! Ele elaborou seu plano contando com Noé. Você é um escolhido, assim como Noé, não por merecimento, mas por graça. Santo não é aquele que é perfeito, mas aquele que encontrou graça diante do Senhor, por isso foi escolhido.

Quando selecionamos algumas flores para fazer um ramalhete, sempre escolhemos as que encontraram graça diante de nossos olhos. Assim, entre tantos, o Senhor nos selecionou. Se você foi o selecionado em sua casa, é porque Ele conta com você. Fomos selecionados para ser sal em nossa casa:

> Mas a terra se perverteu diante de Deus e encheu-se de violência. E Deus viu que a terra estava pervertida: toda a humanidade tinha pervertido sua conduta na terra. Então, Deus disse a Noé: "Decidi pôr fim a toda a humanidade, pois por sua causa a terra está cheia de violência. Vou exterminá-los com a terra. Constrói para ti uma arca de madeira resinosa, divide-a em compartimentos e calafeta-a com piche por dentro e por fora." E Noé executou tudo conforme Deus lhe tinha ordenado. O Senhor disse a Noé: "Entra na arca com todos os de tua casa. Tu és o único justo que encontrei nesta geração". (Gn 6,11-14.22;7,1)

Assim como Noé, que estava em meio a um povo corrompido, você também foi selecionado para estar entre pessoas que precisam de Deus; não para ser o diferente, mas sim o sal da terra.

É como se Deus falasse para cada um de nós: "Eu te reconheci justo diante dos meus olhos! Eu te escolhi. Até mesmo o teu ser 'justo' fui eu que te dei. Fui eu que te levei à conversão; que derramei sobre ti o Espírito Santo. Eu te constituí sal. Eu te coloquei nesta casa e agora te digo: constrói uma arca".

Noé não entrou sozinho na arca, mas com toda a sua família. A missão dele era construir a arca e transportar nela toda a sua família. Esta é também a sua missão, pois, para não perder nenhum dos seus, deverá levar todos nessa arca da salvação. É sua missão não deixar nenhum dos membros da sua família de fora. Não permita que nenhum deles se perca!

"Ruge o leão, quem não temerá? Fala o Senhor Deus, quem não profetizará?" (Am 3,8). Profetizar não significa revelar o futuro, mas transmitir as mensagens do Senhor. O profeta é um instrumento de Deus para falar aos homens. Nós somos esses profetas. Você é um profeta de Deus em sua casa, em sua comunidade, porque eles precisam saber da colheita que se aproxima.

Sabendo que lhe resta pouco tempo, você não pode brincar em serviço. Não podemos viver as atitudes e as práticas do joio, porque não o somos! Os da sua casa também não o são. Deus quer salvar você e todos da sua casa!

Quer perder alguém dos seus? Quem você escolheria para ser jogado no fogo? Nem Deus deseja isso. Por isso, Ele revela os segredos aos seus servos. Você precisa levar o Espírito Santo a cada pessoa da sua família. Essa é a receita para que você e sua casa sirvam ao Senhor.

Precisamos pedir o Espírito Santo sobre todos da nossa casa, pois somente assim poderemos dizer: "Eu e minha casa servimos ao Senhor". Afastemo-nos da corrupção do mundo e entremos na Arca da Salvação. É o Espírito Santo que está nos acolhendo e nos envolvendo no seu batismo. Somente Ele irá nos imunizar das maldades do mundo.

Que minha família seja batizada no Espírito Santo

O derramamento do Espírito Santo é a receita para que nós e a nossa casa possamos servir ao Senhor. Após a vinda do Espírito Santo sobre os apóstolos, no cenáculo, Pedro começa a pregar à multidão que se encontrava próxima àquele local. Mas não inicia a pregação com uma longa explanação doutrinal; primeiro, anuncia o derramamento do Espírito Santo:

> Estes aqui não estão embriagados, como podeis pensar, pois estamos ainda em plena manhã. Está acontecendo o que foi anunciado pelo profeta Joel: "Nos últimos dias, diz o Senhor, derramarei do meu Espírito sobre toda carne, e vossos filhos e filhas profetizarão, os vossos jovens terão visões e os vossos anciãos terão sonhos; mesmo sobre os meus escravos e escravas derramarei do meu Espírito, naqueles dias, e profetizarão. E mostrarei prodígios no céu, em cima, e sinais na terra, em baixo, sangue e fogo e nuvem de fumaça. O sol se transformará em trevas e a lua, em sangue, antes que venha o grande e glorioso dia do Senhor. E todo aquele que invocar o nome do Senhor será salvo". (At 2,15-21)

Desde Abraão até a destruição de Jerusalém, passaram-se cerca de dois mil anos. Esse tempo foi dado aos judeus que viviam na expectativa da vinda do Messias. Da mesma forma, esse tempo também foi dado a nós. Como o povo da primeira aliança esperou a primeira vinda do Messias, nós hoje esperamos a segunda vinda.

Esse tempo de expectativa, que começou em Pentecostes, já está completando quase dois mil anos: é o tempo da Igreja, o tempo dos cristãos. Assim como o tempo dado aos judeus teve um começo, um meio e um fim, o tempo dado a nós também. Nunca houve um derramamento do Espírito tão vasto e forte como nos nossos tempos, a não ser nos inícios da Igreja. É um novo Pentecostes acontecendo em toda a Igreja.

A nossa geração é testemunha das mesmas maravilhas que aconteceram com os primeiros cristãos. Esse é um grande sinal de que estamos vivendo "os últimos dias, os últimos tempos". O tempo dado aos gentios está atingindo o seu final.

O grande e glorioso dia do Senhor se aproxima. Dizer que estamos próximos do grande e glorioso dia do Senhor não é motivo de medo. Jesus virá como vitorioso para retirar toda a sujeira deste mundo e recolher os que são seus, como explica na parábola do joio e do trigo: "Aquele que semeia a boa semente é o Filho do Homem. O campo é o mundo. A boa semente são os que pertencem ao Reino. O joio são os que pertencem ao Maligno" (Mt 13,37-38).

Você é filho do Reino, portanto, boa semente. Você é filho de Deus, selecionado para o Reino que virá em breve. A colheita é o fim dos tempos que se aproxima. Não se trata do fim de tudo, mas da grande transformação que Deus realizará nessa terra.

Assim como o trigo cresceu e produziu fruto, o mesmo ocorreu com o joio. É por isso que existe tanta maldade, violência, corrupção, adultério, prostituição, doenças, miséria... O fruto do mal cresceu, amadureceu e está mostrando-se altivo, como se fosse vitorioso.

Chegamos ao tempo da colheita. Hoje, o joio e o trigo convivem, por isso sofremos. Mas Jesus ordenou que não arrancássemos o joio, para que o trigo não fosse arrancado também. É difícil ser cristão, ser escolhido, ser santo num mundo onde tudo nos leva à corrupção. Porém, essa é a nossa missão, o nosso desafio.

> O inimigo que semeou o joio é o diabo. A colheita é o fim dos tempos. Os que cortam o trigo são os anjos. Como o joio é retirado e queimado no fogo, assim também acontecerá no fim dos tempos: o Filho do Homem enviará seus anjos e eles retirarão do seu Reino toda causa de pecado e os

> que praticam o mal; depois, serão jogados na fornalha de fogo. Ali haverá choro e ranger de dentes. Então os justos brilharão como o sol no Reino de seu Pai. Quem tem ouvidos, ouça. (Mt 13,39-43)

Deus, que é Santo, precisa agir assim por amor aos seus e por amor à sua casa. O joio foi plantado por vontade do inimigo, e não por sua. No tempo certo, o joio será arrancado. Uma vez que o tempo está chegando, o Pai já nos avisa: "O Senhor não faz coisa alguma sem revelar seus planos aos profetas, seus servos" (Am 3,7).

O Senhor anuncia tudo o que sucederá porque nos ama e não nos quer despreparados. Ele não quer nos excluir.

Durante a Guerra das Malvinas,[1] os argentinos possuíam uma emissora que era o maior meio de comunicação do país. Os ingleses, ao se aproximarem por um navio que carregava um transmissor muito mais potente e ligado na mesma frequência da emissora argentina, abafaram totalmente o som do transmissor dos argentinos, que ficaram sem nenhuma comunicação.

As forças do mal fazem o mesmo com a humanidade. Pessoas ligadas à Nova Era até jejuam para conseguir os seus intentos: legalização do aborto, esterilização em massa... Não se trata de um jejum para servir ao nosso Deus. O inimigo conhece os meios do mundo sobrenatural e os utiliza para os seus intentos.

Mas não há o que temer! Deus nos concedeu um meio de sermos imunizados: a efusão do Espírito Santo. É preciso pedir que ela se realize em nossa casa material, porque o Senhor não quer inundar o nosso lar com o dilúvio destruidor, e sim com o dilúvio do seu Espírito Santo.

---

[1] Conflito armado entre Argentina e Reino Unido pela disputa de territórios ocorrido em 1982.

Nossa missão não é fácil, até mesmo Jesus disse: "Um profeta só não é valorizado na sua própria terra, entre os parentes e na própria casa" (Mc 6,4).

Essa Palavra nos ensina que o profeta é bem recebido em todos os lugares, menos em sua própria casa. Mas isso não é motivo para ficarmos com os braços cruzados ou temermos, como o inimigo quer!

Muitas vezes, temos a impressão de que quanto mais nos entregamos ao serviço do Senhor, quanto mais trabalhamos para Ele, mais as coisas pioram em casa! Quantos pais e quantas mães são do Senhor, mas têm filhos entregues às drogas ou vivendo uma vida de rebeldia... Quantos pais viram suas filhas tornarem-se verdadeiras garotas de programa...

É isso que o inimigo quer: desmoralizar-nos! Então, desanimados, trancamo-nos em nossos quartos, a fim de nos esconder e desiludir: "Se na minha casa é desse jeito, o que vou fazer lá fora? Não tenho mais moral!"

Não se entregue! Semeie o Espírito Santo! Leve a efusão do Espírito aos membros de outras famílias. Certamente Deus tem alguém que semeará em sua casa o Espírito Santo, para que cada um dos membros da sua família se converta.

Quero compartilhar com vocês uma experiência de minha família:

Tenho um primo que é coordenador da Renovação na cidade em que mora. Ele era um desses "católicos por tradição"; vivia longe de Deus e afastado da Igreja. Desesperou-se quando o sofrimento veio por meio de uma filha excepcional. Sem estrutura para suportar essa situação, vivia atormentado pela ideia do suicídio, e chegou até a comprar uma arma.

Um dia, dirigindo na serra, cheio de pensamentos ruins na cabeça, ele testemunha que uma voz falou em seu ouvido: "Entre com o carro precipício abaixo. Vai ser mais fácil. Ninguém vai perceber que você se matou. Todos vão pensar que foi um acidente". Levou um grande susto, pois a voz parecia ser muito real.

Logo após esse episódio, ele foi convidado para um encontro de casais. Era a hora de Deus! Já no início do encontro, foi fortemente tocado pela graça, e chorou tudo o que havia guardado durante sua vida inteira.

Assim como os outros casais que se abriram à graça da efusão do Espírito nesse encontro, ele saiu convertido e repleto do Espírito Santo. A família inteira ficou impressionada com a sua transformação, seu testemunho e sua perseverança.

Não pude fazer nada por ele, pois desconhecia sua crise. Mas outros fizeram. O Espírito Santo o tocou por meio da ação de uma pessoa de fora da família. Ao passo que eu semeava no terreno de muitos, Deus mandava alguém desconhecido para semear no terreno da minha família.

Aconteceram ainda outros casos em minha família.

Sempre me preocupei com os meus irmãos. Somos seis: dois homens e quatro mulheres. Como ninguém é profeta na própria casa, minhas irmãs vieram para Deus por meio do sofrimento. Se não vamos até Ele pelo amor, acabamos indo pela dor.

Foi necessário que minha sobrinha apresentasse um problema pulmonar grave e arriscado, para que minha irmã mais nova se voltasse para Deus com toda a sua família. Embora tenha passado o Natal daquele ano no hospital, graças a Deus, Jesus nasceu para ela e sua família.

Minha outra irmã teve uma crise violenta de vesícula que a levou a uma cirurgia de urgência e de alto risco. Após a operação, a infecção generalizou-se por todo o organismo e ela confessa que viu a morte diante dela. Mas Deus foi caprichoso e a pegou no susto. Essa minha irmã, quando menina, foi a mais peralta de todas. Não tinha medo de nada. Vivia machucada e quebrada por causa das travessuras. Hoje, ela não somente participa da missa, como leva a família toda para a igreja.

Com a minha outra irmã, muito parecida comigo, foi diferente: ela passava por uma fase de desespero tão grande que, como ela mesma conta, acabou saindo de casa sem saber aonde ir. De repente, ouviu uma música e se surpreendeu: "Esta música foi o Jonas, meu irmão, que gravou. Onde será que estão tocando?" Atraída pela canção, foi parar num local onde havia um grupo de oração do qual acabou participando. Depois desse dia, sempre participa do grupo de oração.

Assim, cada um de minha família se voltou para o Senhor. "Crê no Senhor Jesus, e serás salvo, como também todos os de tua casa" (At 16,31).

Não tenha medo, nem se deixe enganar pelo inimigo! Com Deus realizaremos proezas e milagres!

Minha família pode ser mudada pela oração

O tempo presente urge por pessoas que colaborem na salvação de cada um dos nossos familiares. Estaria mentindo se dissesse que está tudo bem e que você pode deixar os seus parentes na situação em que estão porque ainda há muito tempo. Mas não, o tempo é breve, por isso devemos agir como intercessores. Nossa luta não é contra forças humanas, e sim contra o próprio inimigo.

Josué entendeu isso quando lutou contra Amalec. O povo judeu estava atravessando o deserto quando encontrou os amalecitas, que eram mais fortes.

Os judeus perceberam que não conseguiriam derrotá-los, pois não se tratava apenas de uma situação humana.

A Bíblia não fala dos amalecitas, mas especificamente de Amalec: "Levantou a mão contra o trono do Senhor, por isso o Senhor estará em guerra contra Amalec, de geração em geração" (Ex 17,16). Era o próprio inimigo que tentava impedir o povo de Deus de atravessar o deserto e chegar à terra prometida.

"Amalec" veio destruir também as nossas famílias. Quantos maridos estão sendo atacados violentamente em sua sexualidade. Quantos homens trabalham na obra do Senhor, recebem a graça da efusão do Espírito, possuem os dons de Deus, exercem algum ministério, atuam em pastorais, buscam a Deus, mas tem a mente, o coração, os sentimentos rodeados pela tentação... A carne sente a luta violenta.

O inimigo tenta nos levar à infidelidade, ao adultério, à prostituição, à depravação. Não somente os homens, mas também as mulheres, incutindo-lhes pensamentos como: "Eu tenho o direito de ser feliz. Já sofri demais. Só fui explorada e nunca me amaram. Eu tenho o direito de amar e ser amada". Você, mulher, possui esse direito, mas não como o mundo e as novelas têm ensinado.

O inimigo "brinca" principalmente com os jovens que não tiveram um encontro com Deus, mas também com aqueles que já estão no caminho do Senhor, que trabalham em encontros de jovens, exercendo ministérios, que participam das atividades da Igreja, que receberam a "efusão do Espírito". A luta é muito violenta, e o inimigo é covarde.

Quando percebemos, já estamos sem forças. Sedemos e caímos no pecado. Depois vem a vergonha e o desespero por não sabermos como sair dessa situação.

Pecamos por pensamentos, por desejos... São pecados solitários, pois os cometemos sozinhos. Mas há também aqueles que acontecem no namoro, no noivado. Os jovens pecam quando "ficam", quando em um momento estão com um e logo depois com outro ou quando se envolvem com drogas, bebidas... E infelizmente essas coisas acontecem também entre os cristãos.

O inimigo investe contra nós porque quer nos roubar de Deus. Assim como Amalec atacou o povo de Deus, o inimigo vem atacar a nós e aos nossos, justamente porque somos de Deus.

Quando Amalec atacou Israel, Moisés disse a Josué: "Escolhe alguns homens e sai para combater contra os amalecitas. Amanhã estarei de pé no alto da colina com a vara do poder divino na mão" (Ex 17,9).

A primeira atitude de Moisés foi consultar a Deus para saber o que fazer: ele percebeu com quem estava lutando e que era vão qualquer socorro humano. Josué foi combater em campo aberto com o inimigo, mas Moisés seguiu à risca a ordem de subir ao alto da colina e lá orar com a vara de Deus na mão.

Quando Deus se apresentou a Moisés e o escolheu para salvar o seu povo, explicou-lhe que aquele cajado de pastor se transformaria numa vara de poder. Onde quer que Moisés utilizasse aquela vara, Deus agiria. Não era a vara em si, mas o poder de Deus nas mãos de Moisés.

Quando estavam diante do mar Vermelho, com o inimigo às suas costas, Deus lhe disse: "Usa o meu poder que está em tuas mãos, Moisés". Moisés usou a vara, o mar se abriu e o povo passou a pé enxuto.

É isso que Deus diz para você. Seja você pai, mãe, ou um jovem filho, Deus lhe deu autoridade e responsabilidade sobre a sua casa. Deus lhe escolheu, assim como escolheu Moisés, que também não esperava ser escolhido, e colocou em sua mão a vara: o seu poder.

É preciso que você suba a colina para orar, como fez Moisés. Veja o que aconteceu:

> Josué fez o que Moisés lhe tinha mandado e atacou os amalecitas, enquanto Moisés, Aarão e Hur subiram ao topo da colina. Enquanto man-

> tinha a mão levantada, Israel vencia, mas quando abaixava a mão, vencia Amalec. (Ex 17,10-11)

Moisés, do alto da colina, observou o combate. Enquanto orava e acreditava no poder de Deus sem esmorecer, o povo de Deus tinha a vantagem. Mas quando Moisés enfraquecia, porque acreditava que já tinha rezado o suficiente e abaixava a mão, Amalec se sobressaía. Quando Moisés retomava, levantava os braços e continuava a orar, acreditando no poder de Deus, Israel voltava a vencer.

Talvez em sua casa você veja o seu pai sendo infiel, autoritário, bruto, ingerindo bebidas alcoólicas... Ou talvez veja que o seu filho não sai da vadiagem, das drogas; ou que sua filha é revoltada, garota de programa... Ao presenciar as brigas, o desentendimento, a falta de diálogo que acontecem em sua casa, você pode pensar que nada mudará, que não há solução.

Mas Deus quer que percebamos que fomos escolhidos para salvar a nossa família, para sermos intercessores como Moisés, que de braços abertos, rezou sem cessar. Talvez não seja possível rezar o tempo todo, mas você deve ser sempre um intercessor. Por acreditar no poder de Deus e saber que luta não contra homens, mas contra o poder do mal, interceda sem jamais desanimar.

Veja o que aconteceu na batalha contra Amalec:

> Como as mãos de Moisés se tornaram pesadas, alguns pegaram uma pedra e a colocaram debaixo dele para que se sentasse. Aarão e Hur, um de cada lado, sustentavam-lhe as mãos. Assim as mãos ficaram firmes até o pôr do sol, e Josué derrotou Amalec e sua gente a fio de espada. (Ex 17,12-13)

Também podemos nos cansar e desanimar quando não obtemos resultado nenhum com o passar do tempo. Chegamos a pensar: "Será que Deus não está intervindo?" Porém não podemos pensar assim!

Vencer todo o poder do mal não é fácil, é uma luta desleal: o inimigo sabe como nos "pegar".

É uma batalha que só venceremos pelo poder de Deus. É vão qualquer socorro humano. Deus quer e precisa que oremos continuamente, sem cessarmos a intercessão e nos juntemos com outros para orar.

Não ore sozinho. Se você pode orar com "Aarão" e "Hur", ou seja, qualquer um da sua casa, mesmo uma criança, reze. Mas não esteja sozinho! É preciso salvar a todos. Aqueles que já são do Senhor precisam se unir na mesma intercessão, para que a graça aconteça: "Quanto a mim e à minha família, nós serviremos ao Senhor" (Js 24,15). Isso só será possível por meio da oração.

O plano de batalha está na Carta aos Efésios:

> Enfim, fortalecei-vos no Senhor, no poder de sua força; revesti-vos da armadura de Deus, para que possais resistir às ciladas do diabo. Pois a nossa luta não é contra o sangue e a carne, mas contra os principados, as potestades, os dominadores deste mundo tenebroso, os espíritos malignos espalhados pelo espaço. (Ef 6,10-12)

Não lutamos contra homens de carne e sangue – seu filho, seu marido ou sua mulher. A luta é contra forças espirituais do mal. "Revesti-vos da armadura de Deus para que possais resistir às ciladas do diabo". Porque é o diabo que luta contra a sua família. Ele quer destruí-la e levar todos a um verdadeiro caos nesta vida e, depois, à condenação eterna.

Como os amalecitas, o inimigo está entrando no caminho para impedir que os seus cheguem à terra da salvação, a "céus novos e uma terra nova" e não sejam os escolhidos quando o Senhor vier. O inimigo impede os "filhos pródigos" de voltarem para a casa do Pai, colocando neles vergonha e medo.

A nossa luta é contra as ciladas do demônio. Os principados, as potestades e os dominadores são anjos decaídos, demônios com autoridade, poder e constituídos príncipes no mundo das trevas onde atuam.

Sua luta não é apenas contra a infidelidade de um marido, nem contra o nervosismo de uma mulher, ou o alcoolismo de uma pessoa da sua família, ou contra a revolta do seu filho. À frente de tudo isso estão os inimigos de Deus, que são também os nossos inimigos. É por isso que precisamos entrar nessa batalha espiritual com as armas certas. "Com toda sorte de preces e súplicas, orai constantemente no Espírito. Prestai vigilante atenção neste ponto, intercedendo por todos os santos" (Ef 6,18).

Temos de enfrentar essa luta espiritual contra as potestades do mal com as armas de Deus. Uma dessas armas é a oração em línguas. Aconteça o que acontecer – revolta, bebedeira, adultério, problemas econômicos – e em qualquer circunstância, ore no Espírito.

Você pode não saber qual é a raiz do problema e com quais amarras o mal está prendendo o membro de sua família, mas o Senhor sabe. Então, por amor à pessoa que você quer ver salva, use esse dom de Deus, que é o "dom de línguas".

Entre no quarto dessa pessoa e ore em línguas. Mesmo sem entender em que direção está orando. O Espírito Santo sabe e é isso que importa. Ore pelo seu cônjuge, ainda que esteja com o coração machucado e ciente da sua infidelidade. Deus é todo-poderoso e para Ele nada é impossível. Acredite nisso e ore.

Você não tem forças para acabar com o adultério, mas o Senhor tem. Você pode contar com o Espírito Santo, que ora em você e atinge qualquer mal... Ele trava uma luta no mundo espiritual, inacessível a nós. E as armas para se lutar nesse mundo são as espirituais.

Nossa posição é a de intercessores, para não perdermos nenhum dos nossos. A vitória de Deus acontecerá! Você é o escolhido de Deus na sua casa. Ele colocou em suas mãos a vara de seu poder: use-a, porque aí está a salvação.

Reconquistar minha família para Deus

Países cristãos já foram invadidos por árabes-muçulmanos que não acreditam em Cristo. Entraram pela Espanha e seu objetivo era destruir o cristianismo na Europa. Mas, por meio de Nossa Senhora, sob o título de Auxiliadora, os europeus conseguiram se libertar deles.

Os árabes dirigiram-se até a Terra Santa, Israel, com o propósito definido de destruir todos os lugares ligados à história de Jesus: o local onde Ele nasceu em Belém, o local da anunciação do Anjo a Maria, a casa onde Jesus viveu em Nazaré com Maria e José, Cafarnaum (a região do Lago da Galileia), o cenáculo em Jerusalém, o santo sepulcro, o Calvário... Cada um dos lugares santos. Queriam acabar com a lembrança de Jesus, com o cristianismo.

Por essa razão, os cristãos, na Europa, se uniram em cruzadas. Pela cruz, reuniram-se e corajosamente foram à Terra Santa para reconquistar os lugares santos. Esse foi o verdadeiro sentido das Cruzadas.

Hoje, cada família deve fazer uma “cruzada” para reconquistar para Deus o lugar santo que é o seu lar. A família é um lugar santo! Tão santo como o lugar onde Jesus nasceu, morreu, celebrou a Eucaristia, derramou o Espírito Santo, subiu ao Céu... É preciso retomar para Deus o que é de Deus: a sua casa.

Nossa casa é um santuário, o local onde Ele quer que a nossa família se santifique. Assim como o templo é santo, nossa casa também é santa. Nossa família é e precisa ser um canteiro de santidade, devendo ser quente, cheio de amor, de afeto, de perdão... Santa, calorosa de Espírito!

Há uma expressão muito bonita que está no livro do profeta Isaías e que Jesus repete: "O espírito do Senhor Deus está sobre mim, porque o Senhor me ungiu" (Is 61,1).

Sempre me perguntava: "O que quer dizer 'o Espírito do Senhor está sobre mim'? Está repousando sobre mim?" Ao procurar o significado dessa expressão, percebi que o contexto é o mesmo usado no primeiro livro da Bíblia, o Gênesis, onde se diz: "O Espírito de Deus pairava sobre as águas" (Gn 1,2b).

"Pairar" e "estar sobre" são equivalentes. Assim, o Espírito Santo está sobre a sua casa, sua família, e também sobre as confusões do seu lar. Quem trouxe conflitos para a sua casa não foi Deus, tampouco você ou alguém da sua família. Mas o Espírito Santo está aí para transformar tudo. Ele é fiel e poderoso para realizar essa obra! Basta querer e pedir. Ele está sobre sua casa e sua família para transformar "o caos" em ordem e beleza.

É necessário pedir a efusão do Espírito Santo sobre o nosso lar! Uma efusão constante, para que continuamente o Espírito Santo repouse sobre nossa casa e nossa família. Precisamos consagrá-las e sermos os primeiros intercessores de nossas casas. É certo que você quer que Jesus governe e ponha ordem em seu lar. Você quer que Maria seja a dona de casa.

> Alegrem-se o deserto e a terra seca, dance o chão duro, florido como a palma. Que se cubra de flores, dance e comemore, pois Deus lhe deu o esplendor do Líbano, a beleza do Carmelo e do Saron. Eles hão de ver a glória do Senhor, a majestade do nosso Deus. Fortalecei esses braços cansados, firmai os joelhos vacilantes. Dizei aos aflitos: "Coragem! Nada de medo! Aí está o vosso Deus, é a vingança que chega, é o pagamento de Deus, ele vem para vos salvar!". (Is 35,1-4)

Não podemos imaginar o que será o Reino dos Céus estabelecido entre nós, bem como céus novos e a terra nova que o Senhor estabelecerá neste mundo, quando voltar em sua segunda vinda. O céu e a terra se unirão. O natural e o sobrenatural se unirão. O divino e o humano se reunirão no Reino de Deus.

Assim como quando se mistura o café com leite já não é mais possível distinguir um do outro, o que teremos em breve será "céus novos e uma terra nova". O céu será diferente porque se juntará com a terra. A terra, por sua vez, também será muito diferente, porque estará unida ao céu. O humano será diferente, porque estará unido com o divino. E o divino também será diferente, porque estará junto com o humano.

Como acontece na pessoa de Jesus: Ele é Deus e homem ao mesmo tempo, sem deixar de ser homem e de ser Deus. Teremos uma terra nova, porque divinizada, e céus novos, porque humanizados. Mas até essa realidade chegar, a luta será grande. Quando o Reino de Deus chegar, o inimigo estará vencido. Ele sabe que pouco tempo lhe resta: "Mas ai da terra e do mar, porque o Diabo desceu para o meio de vós e está cheio de grande furor; pois sabe que lhe resta pouco tempo" (Ap 12,12b).

Sofremos em decorrência disso. Mas o Senhor nos diz para sermos fortes e não temermos. "Aí está o vosso Deus, é a vingança que chega, é o pagamento de Deus, ele vem para vos salvar!" (Is 35,4).

Não temos a noção exata do significado da palavra vingança. O próprio texto do profeta Isaías esclarece que é a retribuição de Deus. Vingança, no sentido bíblico, é o resultado natural da justiça, que premiará a quem merece; e castigará a quem merece.

Assim como numa moeda há cara e coroa, em Deus há misericórdia e justiça. E as duas são infinitas. Deus não pode deixar de ser infinitamente misericordioso nem infinitamente justo.

Em sua primeira vinda, o Senhor veio como homem, com toda a sua misericórdia! Ainda vivemos nesse tempo e desfrutamos da divina misericórdia do Senhor. Na segunda vinda, Ele virá com poder e glória para exercer a justiça: dar a cada um o que merece.

O Senhor quer resgatar a nós e toda a nossa casa: é o tempo da misericórdia, da infinita misericórdia do nosso Deus. Devemos colaborar para que todos os nossos entes queridos entrem na Arca da Salvação. Deus mesmo cuidará de sua conversão. Atraídos pela misericórdia dele, você será transformado.

Quando se recebe a graça da efusão do Espírito Santo, a Palavra de Deus é entendida e começa-se a ter gosto por ela e pela oração. Volta-se para a Igreja e passa-se a ser efetivos e eficazes nela. Assim, o casamento, o namoro ou um noivado são assumidos de acordo com o coração de Deus.

Após este tempo da misericórdia, Deus usará a justiça para limpar a face da terra, pois já suportou demais a sujeira da humanidade. Ele retirará todo o lixo, arrancará todo o joio deste mundo, para que a sua casa esteja limpa e então possa tomar posse do que é seu. "Ele vem para vos salvar!" (Is 35,4).

No Evangelho de São Mateus, Jesus fala a respeito da destruição de Jerusalém e do fim dos tempos:

> Aparecerá, então, no céu, o sinal do Filho do Homem. Então todas as tribos da terra baterão no peito e verão o Filho do Homem vindo sobre as nuvens do céu, com grande poder e glória. (Mt 24,30)

Jesus foi arrebatado para o Céu, mas seus discípulos continuaram olhando para o alto. De repente, dois homens vestidos de branco – que eles logo reconheceram serem dois anjos – perguntaram-lhes: "Homens da Galileia, por que ficais aqui, parados, olhando para o céu? Esse Jesus que, do meio de vós, foi elevado ao céu, virá assim, do mesmo modo como o vistes partir para o céu" (At 1,11).

Jesus voltará. Não há o que temer, e sim alegrar. Continuemos com o Evangelho de São Mateus:

> Ele enviará seus anjos com uma grande trombeta; ao seu toque, os eleitos serão reunidos dos quatro cantos da terra, de uma extremidade dos céus à outra. Aprendei da figueira a lição: quando seus ramos vicejam e as folhas começam a brotar, sabeis que o verão está perto. Vós, do mesmo modo, quando virdes todas essas coisas, ficai sabendo que está próximo, às portas. Em verdade vos digo: não passará esta geração até que tudo isso aconteça. (Mt 24,31-34)

Jesus virá para recolher os seus escolhidos. E tanto você quanto o Senhor desejam que nessa hora todos os seus sejam recolhidos.

> Passarão o céu e a terra, mas minhas palavras não passarão. Quanto àquele dia e hora, porém, ninguém tem conhecimento, nem os anjos do céu, nem mesmo o Filho, mas somente o Pai. A vinda do Filho do Homem será como no tempo de Noé. Nos dias antes do dilúvio, todos comiam e bebiam, homens e mulheres casavam-se, até o dia em que Noé entrou na arca. E nada perceberam até que veio o dilúvio e arrastou a todos. Assim acontecerá também na vinda do Filho do Homem. Dois homens estarão trabalhando no campo: um será levado e o outro será deixado. Duas mulheres estarão moendo no moinho: uma será levada e a outra será deixada. (Mt 24,35-41)

Pelos sinais, percebemos que o tempo está próximo, mas não exatamente quando acontecerá. O momento de entrar na arca é o agora.

Mas o que significa “entrar na arca”?

É receber a grande graça da efusão do Espírito Santo, deixando que Deus mesmo nos transforme. E devemos ajudar a nossa família, para que todos entrem na Arca da Salvação.

O Evangelho de São Lucas narra o episódio do paralítico que precisou de ajuda para chegar à presença de Jesus:

> Vieram alguns homens carregando um paralítico sobre uma maca. Eles tentavam introduzi-lo e colocá-lo diante dele. Como não encontrassem um modo de introduzi-lo, por causa da multidão, subiram ao telhado e, pelas telhas, desceram o paralítico, com a maca, no meio, diante de Jesus. Vendo a fé que tinham, ele disse: “Homem, teus pecados são perdoados”. (Lc 5,18-20)

Aquele homem não tinha mais condições físicas de ir por si mesmo ao encontro de Jesus, tal era sua situação. Foram seus amigos que o colocaram na maca e o levaram até Jesus. Tiveram um grande trabalho, mas finalmente ele pôde estar na presença de Jesus.

É assim que precisamos agir com os nossos. Não podemos parar de trabalhar enquanto não conseguirmos levar todos eles até Jesus.

Ao ver aquele homem na padiola, Jesus percebeu que sua maior necessidade era o perdão dos seus pecados. Essa também é a maior necessidade dos nossos. Eles estão nesta situação porque foram para longe de Deus e acabaram no pecado. O pecado entreva a pessoa de tal maneira que se torna vão qualquer socorro humano, sendo necessário o socorro divino.

Mas com Deus faremos proezas, realizaremos maravilhas. Por isso, faça a sua parte: lute, ore, interceda, jejue, sacrifique-se, fale, exorte... Faça tudo o que estiver ao seu alcance. Chegará o momento em que cada pessoa da sua família se decidirá a voltar para a casa do Pai. E quando isso acontecer, o Senhor mesmo irá dizer: “Meu filho, minha filha, tem confiança; os teus pecados te são perdoados". Então, o Senhor cuidará do restante: curará a paralisia, dará vestimentas novas.

Declare isto diante do Senhor:

A minha casa é de Deus! A minha família é de Deus!

É preciso que eu faça uma grande "cruzada" para, no poder do Senhor, na unção do Espírito Santo, retomar o lugar santo que é a minha casa, que é a minha família. Quero reconquistar e devolver para Deus minha casa e minha família.

Entro nessa "cruzada", Senhor, investindo tudo. Invisto a minha vida, até o sangue, para reconquistar para ti o lugar santo que é a minha casa.

Eu e minha família somos Igreja do Senhor

Minha família é igreja doméstica

Dom bosco teve sonhos proféticos. Um deles foi assim. Viu a barca da Igreja em meio a uma grande tempestade: ondas encapeladas, um vento terrível. Na frente da barca estava o Papa, de braços abertos, conduzindo-a. Atrás dele estava a cristandade que enfrentava toda aquela tempestade.

Dom Bosco observou que o Papa estava conduzindo a barca para uma direção. Ele viu duas colunas. Em cima da coluna menor estava a imagem de Nossa Senhora e sobre a coluna mais alta estava a Eucaristia. Quando a barca da Igreja se colocou no meio daquelas duas grandes colunas, todo o mar se acalmou! O que Jesus disse, aconteceu: "Tu és Pedro, e sobre esta pedra edificarei a minha Igreja, e as forças do Inferno não poderão vencê-la" (Mt 16,18).

Se a barca da Igreja, hoje, está enfrentando uma grande tempestade, é porque a família também está! A Igreja é formada pelas "igrejas domésticas" que são as nossas famílias.

O Papa conduz a barca da Igreja, a barca das nossas famílias, na direção de Maria e da Eucaristia. Nunca houve um Papa que tivesse insistido tanto nesse assunto como o papa João Paulo II. Ele conduziu a família, em meio a essa tempestade, na direção certa.

É preciso que estejamos com o Papa, o sucessor de Pedro, o representante de Jesus na terra! Infelizmente há pessoas que o maldisseram e desobedeceram às suas orientações. Disseram até mesmo que ele travava o progresso da Igreja e da humanidade. Mas sabemos que tudo isso era mentira. Foram calúnias levantadas porque ele se opôs aos projetos da Nova Era: legalização do aborto e da pena de morte, esterilização em massa, tanto de homens como de mulheres.

No Brasil, pesquisas indicam que mais de um milhão de abortos são realizados por ano. Existem cidades que possuem esse número de habitantes! Assim, podemos imaginar que esse número de abortos seria equivalente a destruir uma imensa cidade por ano, só que ainda no ventre das mães! E ainda tentam legalizar o aborto utilizando palavras ardilosas como: "A mulher tem o direito de ser livre! Ela não é obrigada a assumir as consequências de uma gravidez indesejada. Ela tem direito sobre o seu corpo".

Por lutar contra esses absurdos, o Papa foi sempre muito atacado! Mas isso tudo foi plano da Nova Era, adepta do anticristo, e daquele que é assassino desde o início: o demônio. O plano dele é tirar a vida! Jesus, ao contrário, é vida e veio trazê-la para nós: "Eu vim para que tenham vida, e a tenham em abundância" (Jo 10,10).

Deus não quer apenas filhos para esta terra, mas quer todos com Ele na eternidade. Deus quer "vida eterna" para todos nós, enquanto o plano do demônio é acabar com tudo: a vida nesta terra e a vida eterna. O próprio Jesus atesta que ele é assassino: "desde o princípio ele se empenhou em fazer morrer o homem" (cf. Jo 8,44).

O demônio age dominado pela inveja:

> Ora, Deus criou o ser humano incorruptível e o fez à imagem de sua própria natureza: foi por inveja do diabo que a morte entrou no mundo, e experimentaram-na os que são do seu partido. (Sb 2,23-24)

Ele está promovendo a morte, espalhando uma cultura de morte. É por isso que a estão legalizando!

Ainda no Livro da Sabedoria encontramos:

> Não procureis a morte com uma vida desregrada, e não provoqueis a ruína com as obras de vossas mãos. Pois Deus não fez a morte, nem se alegra com a perdição dos vivos. Ele criou todas as coisas para existirem, e as criaturas do orbe terrestre são saudáveis: nelas não há nenhum veneno mortal, e não é o mundo dos mortos que reina sobre a terra, pois a justiça é imortal. (Sb 1,12-15)

"Ele criou todas as coisas para existirem". Todas as criaturas do mundo devem cooperar para a salvação, a fim de que haja vida, e vida em abundância. "Nelas não há nenhum veneno mortal!" Quem está com Cristo só pode ser a favor da vida e de tudo aquilo que a promove! Todos os que colaboram no trabalho de legalizar a morte, sob qualquer forma, estão com aquele que trouxe a morte a este mundo.

Faz também parte do projeto da Nova Era a chamada "eutanásia". *Eu + tanásia* quer dizer "boa morte", "matar bem". Eutanásia é o direito de morrer sem dor, quando alguém é atingido por uma doença incurável que provoca dores insuportáveis

Algumas pessoas dizem: "Uma pessoa já muito idosa e que está sofrendo no hospital tem o direito de morrer!" ou "esta mulher que mora na favela e tem vários filhos tem o direito de ser esterilizada!".

O projeto não beneficia o pobre. Ele tenta nos iludir, mas sabemos que o objetivo não é a vida, mas a morte. O Papa foi muito perseguido porque se colocou – como Dom Bosco previu – à frente da barca, de braços e coração abertos, assumindo a defesa da vida!

A respeito dele é profetizado: "Tu és Pedro, e sobre esta pedra edificarei a minha Igreja, e as forças do Inferno não poderão vencê-la" (Mt 16,18).

Estamos em Cristo! Estamos com a Igreja! Estamos com o Papa! Estamos com os que defendem a vida e a família! Estamos com aquele que disse: "Eu vim para que tenham vida, e a tenham em abundância" (Jo 10,10).

No sonho de Dom Bosco, o Papa fazia com que a barca da Igreja chegasse entre as duas colunas: Maria e a Eucaristia. É preciso consagrar a nossa família e a nossa casa àqueles que são os seus verdadeiros donos. Se as coisas andam erradas, certamente é porque você ainda insiste em ser o dono da sua casa. Quem somos nós para solucionar alguma coisa!

"Vã é a salvação do homem. Com Deus faremos prodígios, ele esmagará os nossos inimigos" (Sl 108,13b-14). Só com Deus salvaremos e santificaremos a nossa família. É preciso dar a Nossa Senhora a chave de nossa casa e torná-la dona dela. Precisamos consagrar o nosso lar a ela. Não tema, pois a primeira atitude de Maria, quando for constituída dona de sua casa, será entronizar Jesus nela!

Entronizar significa "colocar no trono". Ela ficará ao lado de Jesus, humilde, olhando para Ele, por nós, por nossa casa, e levando a Ele todos os problemas e dificuldades.

Há quem diga que estamos idolatrando Nossa Senhora, mas não se trata disso. Ela é dona e rainha, contudo sabe qual é o seu lugar. Quando o anjo lhe anunciou que seria a Mãe de Jesus, ela disse:

"Eis aqui a serva do Senhor! Faça-se em mim segundo a tua palavra" (Lc 1,38).

Proclamando-se escrava do Senhor, fez-se serva, e o Senhor a exaltou. Ela, porém, continuou humilde, simples. E agora fará com que Jesus seja o Dono, o Rei, o Triunfador em nossa casa. Não é preciso temer, pois ela não tirará o lugar de Jesus. Ao contrário, devolverá a Jesus o lugar que Ele não estava tendo em nossa casa.

É chegado o momento de pais e mães fazerem de Jesus e Maria os verdadeiros donos de sua casa! Eles é que são capazes de ordenar tudo e conduzi-la, como a barca da Igreja, para as duas colunas, para a paz, a tranquilidade, a santificação. Está na hora de consagrarmos nossa casa a Maria. Fazendo isso, nossa casa também será consagrada a Jesus, o Senhor!

Faça esta entrega:

Senhor Jesus, entrego a chave da minha casa nas mãos da tua Mãe Maria, a minha Mãe! Eu a constituo, hoje, dona da minha casa. Maria, dá as ordens! A minha casa está em desordem. Até agora eu quis ordená-la, conduzi-la. Agora eu a entrego em tuas mãos.

Jesus, sei que fazendo assim Maria está te entronizando no centro da minha casa, para que tu sejas o Senhor.

Dirige, governa, ordena, comanda!

"Eu e minha casa serviremos a ti, Senhor!"

Com Maria, eu te constituo hoje Senhor da minha casa. Entrego em tuas mãos o destino da minha família.

Maria, obrigado, porque tomas posse da minha casa; porque te tornas "senhora", "dona" da minha casa. Muito obrigado, Maria, Mãe de Jesus!

Preparar os caminhos do Senhor na minha casa

É promessa do Senhor reconstruir as famílias de todos os que entram na "cruzada" a fim de reconquistar para Deus os lugares santos – que são as nossas famílias. Tenhamos toda a unção, força e ousadia do Espírito Santo: "Acaso os convidados do casamento podem estar de luto enquanto o noivo está com eles?" (Mt 9,15).

João Batista afirmou que não era Cristo, mas que viera para preparar os seus caminhos. Ele disse: "Eu sou o amigo do esposo". Esse amigo se alegra porque pode entregar a noiva ao esposo que está chegando.

Os antigos judeus tinham o costume de, ao se casarem, no início não coabitarem, isto é, não viverem juntos. O esposo se empenhava em preparar a casa, enquanto a esposa arrumava o enxoval. Quando tudo estava pronto, o esposo mandava um amigo de confiança, que ia à sua frente, verificar se a noiva estava preparada: ele não queria surpreendê-la despreparada, nem a esposa queria ser tomada de improviso.

Muitas vezes, o "amigo do esposo" era obrigado a apressar a esposa: "Você está despreparada. Prepare-se logo. Arrume o seu enxoval. Seu esposo já aprontou a casa e está vindo". A grande alegria do amigo do esposo era dizer: "Venha buscar a sua esposa. Ela está pronta".

João disse: "Eu não sou o Cristo. Não sou o esposo, sou apenas o amigo do esposo. Minha alegria é preparar o seu caminho. É preciso que Ele cresça e eu diminua". João veio para preparar a primeira vinda de Jesus, oferecendo até mesmo a própria vida para isso.

Hoje Deus não escolhe apenas uma pessoa, um profeta, e sim todo um povo: um "corpo profético", que somos nós! Deus tem derramado o seu Espírito sobre todos nós e nos constituído um "corpo profético", cuja missão é tão ou mais importante e urgente do que a missão de João Batista. Enquanto João preparou a primeira vinda de Jesus, nós estamos preparando a sua segunda vinda. Agora somos nós o "amigo do esposo", que o Senhor manda à sua frente para preparar a sua "noiva", que é a Igreja.

Assuma essa missão:

Obrigado, Senhor, pela confiança que colocaste em mim. Estou entendendo que faço parte desse "corpo profético" que prepara a "noiva" para a tua chegada.

Tu virás, Senhor, para tomar tua "noiva", que é a Igreja, e levá-la ao lugar que já preparaste. Muito obrigado, Senhor, por essa missão.

Assumo essa responsabilidade, essa missão profética que me dás: preparar a tua "noiva" para a tua vinda.

Amém.

Olhando para a "noiva" – a Igreja, o povo de Deus –, infelizmente não se pode dizer que ela já está preparada para a chegada de seu noivo; tampouco nossa casa está preparada para o "esposo" que está chegando. Deus não quer salvar apenas as pessoas da Igreja, mas todo o seu povo, todos os seus filhos. Todos são a "sua noiva".

O Senhor nos chamou primeiro por causa daqueles que estão distantes de Deus; derramou sobre nós o seu Espírito por causa deles; não somos melhores nem uma "raça privilegiada" de pessoas que serão salvas. Pelo contrário, somos chamados porque, pela graça de Deus, pela confiança que Ele depositou em nós, fomos escolhidos para ser o "amigo do esposo". Fomos chamados para irmos à frente e sermos sal e luz a fim de preparar o seu povo, aplainar o caminho dos nossos irmãos.

O Senhor está às portas. Se a "noiva" está despreparada e ainda não arrumou o seu enxoval, o "amigo do esposo" precisa despertá-la: "O esposo já está chegando... prepare-se. Você será pega de improviso... despreparada!" Dizendo isto, ele não a está ofendendo, e sim afirmando: "Você é a escolhida, a amada".

A amada é a esposa. Somos apenas o amigo que tem a obrigação de despertá-la. Temos que ir à frente para acordar a esposa. O Senhor quer salvar toda a Igreja. É por isso que nosso trabalho é muito urgente!

Estamos num tempo de falsos profetas. Tempo de apostasia. *Apostasia*, o abandono da fé, é como a Aids: a pessoa nem imagina que se contagiou; só depois percebe que já está sem defesa orgânica. É doloroso constatar, mas a verdade é esta: o povo de Deus, "a esposa", está sem defesa. Os falsos profetas investem com fúria contra a Igreja de Deus e, infelizmente, têm conseguido resultados.

Acontece hoje o que Jesus mesmo experimentou: "Ao ver as multidões, Jesus encheu-se de compaixão por elas, porque estavam cansadas e abatidas, como ovelhas que não têm pastor" (Mt 9,36).

João, que preparou a primeira vinda de Jesus, aponta a solução para os tempos de hoje: "Naqueles dias, apresentou-se João Batista, no deserto da Judeia, proclamando: 'Convertei-vos, pois o Reino dos Céus está próximo'" (Mt 3,1-2).

Devemos nos converter! E a conversão é possível por meio da penitência. Penitência não é só mortificação; deixar de comer alguma coisa ou dormir no chão. Penitência, em grego, é "metanoia": uma reviravolta na vida da pessoa. É mudar a mentalidade, o sentimento; é mudar de vida.

Penitência é um virar-se ao avesso. Ou melhor, é um deixar-se virar pelo avesso. Foi isso que João Batista anunciou: "Fazei penitência, virai-vos pelo avesso. Porque está próximo o Reino do Céu". Se João

Batista dizia isso naquele tempo, para preparar a primeira vinda de Jesus, imagine agora! Estamos na eminência de sua segunda vinda. O Reino de Deus está próximo. Ele está às portas.

O Reino dos Céus é como uma plantação: a força da terra faz a semente desabrochar, crescer, desenvolver, dar folhas, flores e frutos. Então o agricultor vem e colhe.

Foi o que Jesus fez. Ele veio uma primeira vez, e o "Reino do Céu" chegou até nós. A semente do Reino de Deus foi semeada entre nós, mas não calculávamos que fosse preciso tanto tempo para dar fruto. Jesus semeou o Reino, regou-o com o seu sangue e tem cultivado durante todos esses séculos a boa semente do Reino.

Demorou todo esse tempo, mas, graças a Deus, já estamos no tempo da colheita. Chegamos ao tempo dos frutos. A semente foi cultivada e regada também com o sangue de muitos mártires, com a vida de tantos santos, com o suor, as lágrimas e o sangue de muitas pessoas que se dedicaram e investiram sua vida no Reino de Deus.

Agora já está chegando o "agricultor". O Senhor está vindo para colher. Chegou a hora! A nossa missão é clamar no deserto como João: "É dele que falou o profeta Isaías: 'Voz de quem clama no deserto: Preparai o caminho do Senhor, endireitai as veredas para ele'" (Mt 3,3). Queiramos ou não, o Reino de Deus está próximo!

A efusão do Espírito Santo para minha família

> Eu vos batizo com água, para a conversão. Mas aquele que vem depois de mim é mais forte do que eu. Eu não sou digno nem de levar suas sandálias. Ele vos batizará com o Espírito Santo e com fogo. Ele traz a pá em sua mão e vai limpar sua eira: o trigo, ele o guardará no celeiro, mas a palha, ele a queimará num fogo que não se apaga. (Mt 3,11-12)

João Batista ofereceu a solução para todas as adversidades de nossa vida: "Ele vos batizará com o Espírito Santo e com o fogo". O remédio para a doença terrível que atingiu a Igreja e tem deixado seus membros – que somos nós – sem defesas é o Espírito Santo.

Se o remédio para a cura da Aids fosse descoberto, certamente investiríamos tudo para adquiri-lo e aplicaríamos em todos os que estão afetados pela doença.

Da mesma forma, Deus já nos indicou o remédio. Assim como no início Ele derramou o Espírito, volta a derramá-lo agora com a mesma força.

Muitas dizem que a efusão do Espírito Santo, o Pentecostes, os dons e os carismas aconteciam somente no início da Igreja... Naquela época era necessário, hoje não é mais.

A Igreja nunca deixou de ter o Espírito Santo, os carismas, os santos, mas um derramamento como o que ocorreu no começo da Igreja – com tantos dons, manifestações, milagres, com tanta força de evangelização e transformação – só foi visto agora em nosso tempo. Somos uma geração bem-aventurada.

Para que a formação da Igreja fosse iniciada, foi preciso realmente todo o poder do Espírito Santo. Agora é chegado o momento do "esposo" buscar sua "esposa", sua escolhida: a Igreja. Por isso é que Ele está concedendo toda essa graça, para estarmos preparados para sua segunda vinda. Precisamos do derramamento do Espírito Santo; ser e permanecer cheios dele. Necessitamos dos seus dons para nos curar, libertar, restaurar, transformar.

Infelizmente, fomos marcados, feridos e estamos doentes. Somente pelo poder do Espírito seremos transformados e estaremos preparados para o Senhor, que vem nos buscar. Somos, ao mesmo tempo, a "noiva" e o "amigo do esposo" que vem alertar a "noiva". O tempo urge. Precisamos de restauração, de santificação! Nossa vida ainda está enferma; precisamos ser curados, transformados! Isso só será possível pelo poder do Espírito.

Na Igreja, o poder de Deus se manifesta por meio dos carismas. Por eles é que somos curados, libertos do mal e do pecado, para que, restaurados, toda mudança, toda transformação e todo o "virar pelo avesso" possa acontecer. Somos nós que ministramos uns aos outros. Essa é a grande graça: recebemos a ação do Espírito Santo para distribuí-la aos nossos irmãos e assim sermos canais de distribuição.

Precisamos ser abertos e disponíveis à ação de Deus. Buscamos nos nossos irmãos o poder do Espírito Santo e, ao mesmo tempo, nos dispomos a ser usados por Ele em todos os seus carismas: desde o dom menor, que é o de línguas, até o dom maior, que é o amor; passando pelo dom da cura, da ciência, da sabedoria, da profecia, do discernimento dos espíritos, pelo dom central que é a fé... Enfim, passando por todos os dons, sem exceção.

Os dons são ferramentas necessárias usadas pelo Senhor para tocar, curar, converter, restaurar os nossos irmãos. É preciso colocar-se em ação, porque a obra é urgente.

Jesus voltará para restaurar todas as coisas, limpar este mundo, retirar o trigo do meio do joio. Ele anseia pelo momento de vir e buscar sua "esposa": nós, sua Igreja. Nestes tempos urgentes, nossa evangelização nossa não pode ser uma evangelização qualquer. Não se trata de simplesmente contar histórias ou fazer reflexões. A grande graça, hoje, é dar o Espírito Santo; levar as pessoas a receberem o derramamento do Espírito, a graça que Jesus anunciou: "Vós, porém, dentro de poucos dias sereis batizados com o Espírito Santo" (At 1,5).

Quando Maria saudou Isabel e esta ficou cheia do Espírito Santo, João Batista, que estava em seu ventre, estremeceu. Isabel reconheceu que não era simplesmente o mover-se da criança em seu seio, ela sentiu que João, seu filho, também estava repleto do Espírito. Acontecia, naquele momento, o que o anjo havia predito: "e, desde o ventre da mãe, ficará cheio do Espírito Santo" (Lc 1,15).

Maria, que estava cheia do Espírito Santo, levou-o a Isabel e a João Batista, que também ficaram plenos do Espírito. O mesmo aconteceu com Zacarias. Após o nascimento de João Batista, no dia da circuncisão do menino, Zacarias teve a sua língua desprendida e voltou a falar. A Palavra atesta que ele ficou cheio do Espírito Santo, tomou o filho nos braços e cantou um hino:

> E tu, menino, serás chamado profeta do Altíssimo, porque irás à frente do Senhor, preparando os seus caminhos, dando a conhecer a seu povo a salvação, com o perdão dos pecados. (Lc 1,76-77)

É isso que Deus quer de nós. Quem está cheio do Espírito Santo, deve levá-lo aos outros. Uma vela acesa pode levar fogo para muitas outras. É assim que se passa o fogo. É assim que se passa o Espírito. Essa é a missão que cabe a nós. Hoje, a Igreja, que é a "noiva", precisa urgentemente dessa graça. Ela foi acometida por doenças, e o remédio eficaz que Deus lhe deu é o Espírito Santo. Ele precisa curar sua "noiva"; é urgente libertá-la e prepará-la para o "esposo" que está chegando.

Agradeça ao Senhor:

Obrigado, Senhor, porque me escolheu para ser o "amigo do esposo". Obrigado porque sobre mim é derramado o Espírito Santo, para que eu leve-o a muitos. A Igreja precisa do Espírito Santo.

Por isso, Senhor, fiel à confiança que depositaste em mim, não posso falhar. Eu me disponho a levar esse Espírito Santo a todos aqueles que ainda não o receberam.

É isto que tu disseste: "Eu vim para derramar este fogo. E só estarei satisfeito quando ele estiver espalhado".

Espalha, Senhor, o fogo do teu Espírito Santo sobre a face da Terra. Estende a tua mão e usa-me, o quanto quiseres. Com Maria eu digo: "Eu sou a serva do Senhor. Aconteça em mim segundo a tua palavra!"

Amém!

Manifestações do Espírito Santo na família

Precisamos usar todas as ocasiões para levar o Espírito Santo. Os fatos falam com eloquência.

Certo dia, chegou à Canção Nova um homem que há muitos anos não se confessava. Ele não gostava de nós e não suportava ouvir a Rádio Canção Nova. Quando chegava em casa e percebia que a esposa estava com o rádio ligado, armava a maior confusão e o desligava. Ameaçou várias vezes tirá-lo de casa.

Naquele dia, porém, ele foi à Canção Nova. Depois da missa veio conversar comigo e disse: "Padre, faço aniversário hoje. Não gostava de vocês. Não sei o que está acontecendo comigo, mas hoje não aguentei. A minha esposa não estava em casa e comecei a ouvir a missa pelo rádio. Depois vim correndo para cá, para terminar de participar da celebração".

Perguntei a ele: "Quanto tempo faz que você não se confessa?" Tinha já uma ideia de que o problema estava aí. Ele respondeu: "Desde o meu casamento". E começou a desabafar. Foi uma linda confissão: clara, espontânea, cheia de contrição, com sinais de verdadeiro arrependimento. Ele estava resolvido a mudar de vida. Depois que terminou, dei-lhe a absolvição.

Impus-lhe a mão e rezei, pedindo o derramamento do Espírito Santo. Aquele homem não sabia nada sobre a efusão do Espírito Santo, muito menos a respeito da oração em línguas. Disse-lhe: “Meu irmão, reze comigo da maneira como estou rezando”. Comecei a rezar em línguas e ele foi orando também. Era como se já orasse em línguas há muitos anos.

No final, perguntei-lhe: “Você já orava em línguas?” Ele me respondeu: “Não. Rezei de um jeito esquisito, que eu não sabia o que era”. Rapidamente lhe expliquei do que se tratava. Aquele homem havia recebido a efusão do Espírito Santo. Já se havia manifestado nele o dom menor, o dom de línguas... Hoje ele continua firme. Não temos mais um “inimigo” da Canção Nova, e sim um amigo.

Embora nosso “inimigo”, ele era um filho da Igreja. Afastado, mas filho. Ele era a “noiva”. Eu precisava ser para ele o “amigo do esposo”, pois fora o “esposo” que confiou em mim. Ele não precisava de exortações, mas do batismo no Espírito Santo.

Em outra ocasião, apareceu no meu escritório um homem que vivia embriagado. Terminava o dia bêbado e na manhã seguinte, logo cedo, voltava a beber. Depois de se confessar em prantos, dei-lhe a absolvição e perguntei se ele sabia o que era a efusão do Espírito Santo. Ele me respondeu que não. Mesmo assim perguntei se ele queria recebê-la. Ele então respondeu convicto que sim. Lembrei-me daquela passagem: “Não vos embriagueis com vinho – pois isso leva ao descontrole –, mas enchei-vos do Espírito” (Ef 5,18).

Impus as mãos sobre ele e pedi a efusão do Espírito. Em seguida pedi que orasse em línguas comigo. Ele orou como se estivesse sóbrio. Na verdade estava. Aquela foi a última embriaguez. Eu não podia esperar um momento de sobriedade para atendê-lo em confissão, já que ele vivia bêbado. Aquela era a hora e eu não podia perder a chance.

Conheci uma família muito simples, mas muito prestativa, que ajudou e ainda ajuda muito a Canção Nova. Muitas vezes ela trabalhou na nossa cozinha durante nossos encontros. A mãe sempre me pedia que orasse pelo seu filho. Um dia, ele apareceu na missa e, no final da celebração, veio falar comigo. Tinha uma vida toda atrapalhada. Bebia e fora abandonado pela esposa e filha, que não suportavam mais. Ele se confessou. Dei-lhe a absolvição. E como sempre faço, pedi a efusão do Espírito Santo. Convidei-o para que orasse comigo, e ele orou em línguas com toda a desenvoltura. A partir daquele dia, mudou radicalmente e refez o casamento!

Outro testemunho é o de uma mulher que me escreveu uma carta contando que tinha vários problemas e era extremamente complexada. Por causa desse complexo, sentia uma fome compulsiva. Já pesava mais de cem quilos. Como consequência de tudo isso, ela foi sendo tomada por um pavor muito grande. Primeiro, por vergonha; depois, por medo de não conseguir mais sair de casa. Ela nem mesmo saía do quarto.

Em sua carta me pedia que a visitasse ou a chamasse por telefone. Peguei o número e liguei imediatamente. Ela, surpresa com o meu telefonema, tentava me explicar a sua situação, mas atalhei dizendo: "Minha filha, o que você precisa é da efusão do Espírito Santo. Você sabe o que é isso?" Ela disse que sim. Perguntei-lhe se a receberia, e ela me respondeu afirmativamente.

Comecei a rezar pelo telefone. Pedi o derramamento do Espírito Santo e a convidei para rezar comigo. Ela recebeu o batismo no Espírito por telefone e começou a orar em línguas imediatamente. Constatei que para Deus não há distâncias, e Ele usa de todos os meios para realizar suas maravilhas.

Desliguei o telefone e não tive mais notícias dela. Passados quatro ou cinco meses, ela apareceu na Canção Nova, no final de uma missa, dizendo-me: “Eu sou aquela ‘gorda’ que lhe escreveu e falou com o senhor por telefone”. Não foi difícil me recordar. Ela agora estava ali diante dos meus olhos e já não era tão gorda. Havia voltado para Deus, frequentava a igreja e participava de um grupo de oração. Não sentia mais aquela fome compulsiva e não tinha mais medo. Reassumiu a casa e a família. Reassumiu a vida.

Somos o canal de Deus. Precisamos assumir essa nossa missão.

Outra vez estava em Brasília, numa Reunião do Conselho Nacional, quando um rapaz seminarista, vestindo um hábito, veio conversar comigo.

Ele já tinha onze anos de seminário, mas estava muito confuso sobre sua vocação. Escutei-o longamente e fiz muitas perguntas. Concluindo, disse-lhe que ele precisava da efusão do Espírito Santo. Perguntei se ele queria. Ele respondeu que sim. Orei e pedi que ele me acompanhasse na oração em línguas. Ele orou com desenvoltura e foi embora.

Enviou-me, no dia seguinte, uma carta que li diante do Conselho. Nela dizia algo que não me contou em nossa conversa do dia anterior: antes de vir conversar comigo, ele já havia escrito ao seu superior pedindo o afastamento do seminário; estava resolvido a abandonar a vocação. Agora ele escrevia: “Padre, pode dizer ao Conselho que reencontrei o meu chamado. Retomei a minha vocação: serei padre, por mais dificuldades que eu venha a enfrentar no seminário. Só posso servir a Deus, levando essa graça que recebi. Sou um homem novo”.

Todos esses fatos foram contados para dizer a você que, em tudo isso, eu me esforço para ser o "amigo do esposo". Não sou maior do que ninguém. Talvez tenha apenas um pouco mais de fé e ousadia. Mas o Espírito Santo que está em mim é o mesmo que está em você.

Se você ousar pedir a graça do batismo no Espírito, verá como tudo será diferente. Não será você, mas o Senhor agindo. Somos o "amigo do esposo". Está na hora de darmos aos nossos irmãos o que João Batista deu aos homens do seu tempo: "Ele vos batizará com o Espírito Santo e com fogo" (Mt 3,11).

Peça essa ousadia:

Peço, Senhor, a ousadia de levar a graça que tu tens para a Igreja. Ela é a "noiva". Que eu tenha a ousadia de levar a graça do derramamento do Espírito Santo. Que, sem medo, eu peça e veja esta graça alcançada: "Ele vos batizará com o Espírito Santo e com fogo".

Aceito e quero fazer isso. Obrigado pela confiança que tiveste em mim. Se eu sou o "amigo do esposo" vou levar a tua "esposa" o teu presente: o derramamento do Espírito Santo.

Amém.

Peça agora esta graça sobre você: um novo derramamento do Espírito Santo:

Vem, Espírito Santo, dá-me a graça desse novo derramamento. Que eu seja renovado, transformado, cheio do fogo do teu Espírito, e assim possa acender os meus familiares.

Vem, Espírito Santo, que eu possa inflamar a muitos outros também. Vem de uma forma nova. Que eu possa realizar prodígios, sinais e milagres no nome de Jesus. E que a tua Palavra, Senhor, possa ser anunciada com intrepidez.

Vem, Espírito Santo de amor, vem com a tua força, vem com a tua graça. Derrama agora sobre mim, de maneira nova, a tua água viva de amor.

Amém!

Eu e minha família pertencemos ao Senhor

Resistir firmes na fé

O SENHOR QUER NOS ENSINAR que para acontecer o *Eu e minha casa serviremos ao Senhor* é preciso, de nossa parte, uma contínua reação contra o pecado, contra a tentação, contra as forças do mal. Podemos pensar que a nossa posição é defensiva, mas o Senhor vem nos ensinar o contrário. Nossa atitude é de reação: reagir firmes, reagir na fé.

São Pedro nos exorta: "Sede sóbrios e vigilantes. O vosso adversário, o diabo, anda em derredor como um leão que ruge, procurando a quem devorar. Resisti-lhe, firmes na fé" [...] (1Pd 5,8-9a).

Venceremos o demônio se resistirmos firmes na fé. *Firmes na fé* significa acreditar na vitória do Senhor por meio de nós. Sabemos de nossas fraquezas, dos nossos pecados e da facilidade com que erramos. Pecamos. Resvalamos. Mas o Senhor é fiel e poderoso. O poder de Deus é soberano sobre nós e nossa vida.

Não cremos em nós, nas nossas forças, nas nossas condições. Cremos no Senhor. Acreditamos no seu poder, na sua vitória, no poder da cruz de Nosso Senhor Jesus Cristo, no poder do seu sangue derramado, e por isso resistimos à tentação, firmes na fé. Reagir firmes na fé: esta é a vitória de Deus na nossa casa, na nossa família, sobre o demônio, sobre todo o mal.

Peça ao Senhor a graça de resistir:

Senhor, quero reagir. Preciso resistir. Creio que, reagindo firme na fé, a tua vitória virá. Tudo se transformará na minha vida, na minha família, se eu e a minha casa resistirmos firmes na fé.

Amém.

Nossa primeira reação deve ser contra o próprio pecado:

> Põe marcos de estrada, finca estacas para te orientar, presta atenção em tua estrada, no caminho por onde passas. Volta, virgem Israel! Volta para as cidades que são tuas! Até quando ficarás perdida, filha rebelde? (Jr 31,21-22a)

O Senhor nos chama de "filha rebelde". É uma palavra dura, mas que pode nos despertar de nossa sonolência e nos colocar em posição de alerta. Ele nos convida a voltar, a romper com o pecado, a resistir a toda tentação.

Ore agora e rompa com o pecado:

Senhor, assumo a minha casa, a família que me deste.

Como membro dessa família, peço-te perdão por meus pecados pessoais, Senhor. Os pecados que cometi por pensamento, os meus pecados de sentimentos, de emoções, de atos; todas as coisas erradas que fiz.

Peço-te perdão, Senhor, por todas as palavras erradas que disse, palavras falsas, ofensivas, que machucaram os meus irmãos e que não foram convenientes.

Peço-te perdão por todos os meus pecados por omissão. As coisas que devia fazer e não fiz. Por não ter orado como devia, por não interceder como devia, por não vigiar como devia, por não comandar como devia, por não usar de autoridade como devia, por não falar quando devia, por não calar quando devia. Enfim, Senhor, por todas as minhas omissões.

Peço-te perdão por toda a minha malícia, maldade, falsidade, hipocrisia... De todo o meu pecado, Senhor. Tu sabes da sinceridade do meu coração.

Sigo, sinceramente, diante de ti: rompo com o pecado. Não quero pecar, Senhor. Digo "não" ao pecado.

Agora assumo a autoridade espiritual que não é minha, mas que o Senhor me deu, sobre a família que o Senhor me concedeu.

Assumindo essa autoridade espiritual, digo:

Perdão, Senhor, pelos pecados da família que me deste. Assumo sobre mim esses pecados, como o Senhor assumiu sobre si os pecados do teu povo, os pecados da família que o Pai te deu. O Senhor foi até a cruz e derramou o seu sangue por essa família.

Senhor, peço-te perdão por todos os pecados de pensamento, de julgamentos, de palavras, de sentimentos, de emoções – por minha culpa ou sem minha culpa – que minha família cometeu.

Peço-te perdão por todos os pecados de omissão da minha família. Por tudo aquilo que os meus entes queridos fizeram, desagradando e ofendendo o teu coração, desagradando e ferindo os meus irmãos.

Eu e a minha casa rompemos com o pecado, não queremos mais pecar. Eu e a minha casa não queremos mais ser uma "filha rebelde". Não queremos mais ficar vagando por caminhos errados, pelos caminhos da tentação, resvalando no pecado e dando abertura a ele.

Eu e a minha casa dizemos como Domingos Sávio: "A morte, mas não o pecado. Antes morrer do que pecar".

Sabemos da nossa fragilidade, Senhor, mas firmes na fé, firmes no teu poder, no poder da tua cruz, fazemos esta proclamação: "Eu e a minha casa rompemos com o pecado".

Meu Senhor e meu Deus, lava-nos agora com o teu sangue precioso. Lava toda a minha casa, minha família, todos aqueles que bondosamente me deste.

O pecado quer nos condenar, mas Deus quer nos santificar. É preciso reagir. Observe a letra da música "Eu e minha casa serviremos ao Senhor", de Nelsinho Corrêa:

Deus não quer nos condenar, quer de nós uma decisão
Para o nosso bem, pra nos salvar. Pergunta hoje, então
A quem você quer servir? A quem você quer servir?
A quem você quer servir? A quem você quer servir?
O pecado quer nos dominar e Deus quer nos santificar.
É preciso decidir ser de Deus, não me enganar.
A quem você quer servir? A quem você quer servir?
A quem você quer servir? A quem você quer servir?
Eu e a minha casa serviremos ao Senhor!

Infelizmente, até agora, não reagimos. Estávamos como um time com medo da derrota: na defensiva, sem reação. A tentação surgia e caíamos. Vinham pensamentos, desejos, vontades, e acabávamos cedendo, sem resistir. Assim o pecado ia destruindo nossa vida, nossa família, nossa casa.

O pecado destrói. Podemos achá-lo insignificante, mas é como a ferrugem. As colunas de ferro são fortes, mas precisam ser pintadas, caso contrário, são atingidas pela ferrugem. Até o ferro é enfraquecido quando atingido por ela!

O pecado é assim: mansinho como aquela água que foi derramada sobre o ferro... Não lhe damos importância, mas ele aos poucos esburaca nossa alma, nosso coração, nossa vida, nossa casa, nossa família. Ele é destruidor! Ele é corrosivo!

É preciso resistir e reagir ao pecado. Não podemos ceder. Não podemos dar abertura. Nossa atitude é dizer "não" ao pecado, firmes na fé! Já erramos muito, e isso nos envergonha e entristece. O inimigo usa de nossas recaídas para nos envergonhar. Mesmo querendo romper com o pecado, somos surpreendidos por uma nova e infeliz recaída... E nos enchemos de vergonha.

Devemos agir como um time que sofre um gol. Ele não fica com medo, na retranca. Ao contrário, reage e parte para o ataque, porque precisa marcar um gol e reverter a situação; precisa reagir e agir contra o inimigo, que está lhe infligindo aquela derrota.

Não podemos mais permitir que o inimigo nos envergonhe apontando os nossos pecados. São Pedro nos alerta: "O vosso adversário, o diabo, anda em derredor como um leão que ruge, procurando a quem devorar" (1Pd 5,8).

Se, infelizmente, acontece uma recaída, é preciso uma reação imediatamente, que deve ser o arrependimento. Jesus já pagou o alto preço desse pecado cometido e de todos os outros:

> E a vós que estáveis mortos por causa de vossas faltas e da incircuncisão de vossa carne, Deus vos deu a vida com ele, quando ele nos perdoou todas

> as nossas faltas. Deus anulou o documento que, por suas prescrições, nos era o contrário e o eliminou, cravando-o na cruz. (Cl 2,13-14)

Ele perdoou a totalidade dos nossos pecados na cruz. É como se Jesus colocasse num banco o depósito para perdoar todos os nossos pecados. No momento em que pecamos, podemos imediatamente retirar esse depósito e pagar pelo pecado que cometemos.

Não significa que podemos agir sem escrúpulos e continuar pecando. Bem ao contrário. Essa é a emergência que o Senhor nos dá para escaparmos das tristes consequências das possíveis recaídas. O Senhor já nos deu o remédio para o nosso pecado: a sua morte na cruz. É por isso que dizemos: firmes na fé, podemos romper com o pecado e não ficar mais sob o jugo da vergonha.

Tenha a certeza de que no momento em que você pede perdão, o Senhor perdoa, deixando ainda um tesouro, o Sacramento da Penitência. É como um remédio: mesmo amargo, acabamos tomando, porque certamente apresentará um resultado positivo. *A confissão é a solução.* Não podemos mais ficar com historinhas: "o padre é um homem como outro qualquer; ele também é um pecador". Pela graça de Deus, o sacerdote que administra o remédio do Sacramento da Penitência faz isso em nome de Jesus. É por isso que funciona.

Não fique mais sob o jugo da vergonha. Saiba: Jesus perdoou todos os seus pecados: "Deus anulou o documento que, por suas prescrições, nos era contrário e o eliminou, cravando-o na cruz" (Cl 2,14).

Recebemos de Deus a autoridade espiritual – que não é nossa, e sim dele – para dirigir e governar nossa família nos caminhos do Senhor. Especialmente você, que é pai ou mãe, tem essa autoridade.

Mas também você, que é simplesmente filho, tem a autoridade que Deus lhe deu. Ele lhe chamou e o colocou nessa família. Se a sua casa é uma "bagunça", uma desordem, cheia de erros, pecados, confusão, saiba: Deus colocou *você* nessa casa, nessa família, para ser o sal, a luz desse lar.

Ele pensou em você, mas também, e principalmente, em sua família. O sal tem força. E Deus lhe deu essa força – não é sua, mas Deus lhe deu – para você resistir. O sal resiste à corrupção. Se cobrirmos a carne com sal, especialmente se for sal grosso, a corrupção não a atinge.

Saiba que a corrupção não atingirá a sua casa se você assumir essa autoridade que Deus lhe deu. Ele sabia que o seu lar precisava de sal, para retirar a corrupção. Posso lhe dizer, firme na fé, sabendo dessa verdade: "Crê no Senhor Jesus, e serás salvo, como também todos os de tua casa" (At 16,31).

Proclame:

Tenho a força de Deus dentro de mim. Deus me deu a sua força. O Espírito Santo é vida dentro de mim. Sou sal não porque quero, mas porque Deus assim me fez.

Ele me fez sal, forte, para tirar da corrupção os membros da minha família: meu pai, minha mãe, meus irmãos, meus filhos... Quem quer que seja. O Senhor me deu a força do sal para tirar da corrupção cada um dos membros da minha família.

Assumo hoje, Senhor, essa autoridade espiritual. Sou sal, o teu sal dentro da minha casa. Sei, pela fé, que eu e meu pai serviremos ao Senhor; eu e minha mãe serviremos ao Senhor; eu e meus irmãos serviremos ao Senhor. "Eu e a minha casa serviremos ao Senhor".

Digo aos homens que é a hora de se tornarem homens de Deus e romperem com todo o mal, com todo o pecado, com o passado, seja ele qual for. Romper com a ignorância (ficar longe de Deus e achar que religião é coisa de mulher e de criança). É ignorância acreditar que se deve viver no pecado, na malícia, em função do sexo e achar que não tem força nem coragem para romper com o pecado, o adultério, a prostituição...

Deus tem predileção especial por nós, homens. Jesus amou Pedro, João, Zaqueu... Temos de romper com nossa ignorância e ter a consciência de que Deus nos escolheu. Você deve ser o chefe da sua casa, o "sacerdote" dessa igreja doméstica, que é a sua família.

Talvez o seu lar tenha estado em ruínas até agora porque você ainda não assumiu a sua posição de cabeça, de "sacerdote" dentro de sua casa. Mas hoje o Senhor renova todas as coisas e lhe dá essa oportunidade, essa graça.

Homens, digam:

Senhor, assumo hoje a minha posição de homem, de cabeça, de sacerdote dessa igreja doméstica que é minha família.

Assumo hoje, Senhor, o meu lugar, minha autoridade, minha responsabilidade na minha casa e digo: Servirei ao Senhor, e comigo toda a minha casa.

Meu Deus e Senhor, obrigado porque me dás essa graça.

Peço que tu venhas a selar com teu Espírito Santo essa graça que me foi concedida.

Amém!

É preciso agradecer às mulheres, porque grande parte delas resistiu sozinha durante muito tempo, suportando a família inteira nas costas e exercendo o papel de chefe da casa. Pela sua resistência, mãe, mulher, você merece o reconhecimento e o agradecimento. Não deixe que o inimigo vença. Você foi constituída para ser a resistência de Deus nesta terra.

Vocês, mulheres, não são frágeis. Embora o físico talvez mostre certa fragilidade, Deus as fez fortes, resistentes. É por isso que o inimigo, nestes últimos tempos, tem tentado derrubá-las. Por amor a Deus, à humanidade e à sua família, não se deixe cair na tentação por nenhum pecado – de modo especial, pelo pecado da malícia e da impureza –; não se deixe dominar pela tentação do ressentimento, da mágoa, da inveja, do ciúme. Você é a resistência de Deus para sua família. Você é sal! Resista firme na fé. Resista, até o sangue, na luta contra o pecado.

Mulheres, peçam a graça de continuar na luta:

Senhor, dá-me a graça de resistir até o fim. Mesmo sozinha, mesmo frágil, quero ser forte.

Reveste-me com tua força, Senhor. Não me deixes cair no desânimo e na tentação.

Que o Espírito Santo me conceda a graça de estar sempre em pé na luta pelo resgate da minha família.

Obrigada por me escolher e me fazer uma mulher forte.

Amém.

A salvação entrará na minha casa

A nossa casa e toda a nossa família precisa ser inteiramente do Senhor. Unicamente dele. É triste ver que ainda há muitos dos nossos que estão longe de Deus; são renitentes, teimosos; não frequentam mais a igreja, não querem mais saber de padre, de igreja, de oração, de confissão, de missa e, principalmente, de Eucaristia.

As pessoas brutas, autoritárias, ruins, maldosas, que falam palavrão e fazem coisas erradas não calculam o mal que fazem para si mesmos e para a família. O nosso coração sofre com aqueles que estão viciados e entregues à bebida...

Assim como Jesus escolheu Zaqueu, Ele nos escolheu para levá-lo para nossa casa. Veja a passagem do Evangelho de São Lucas:

> Tendo entrado em Jericó, Jesus estava passando pela cidade. Havia ali um homem chamado Zaqueu, que era chefe dos publicanos e muito rico. Ele procurava ver quem era Jesus, mas não conseguia, por causa da multidão, pois era baixinho. Então ele correu à frente e subiu numa árvore para ver Jesus, que devia passar por ali. Quando Jesus chegou ao lugar, olhou para cima e disse: "Zaqueu, desce depressa! Hoje eu devo ficar na tua casa". Ele desceu depressa, e o recebeu com alegria. Ao verem isso, todos começaram a murmurar, dizendo: "Foi hospedar-se na casa de um pecado!". (Lc 19,1-7)

Naquele dia, Jesus quis ir à casa de Zaqueu. Hoje, Ele deseja ir à nossa. Jesus ficou na casa de Zaqueu e quer ficar também na nossa. Somos fracos, temos muitas fraquezas, cometemos muitos pecados e erros, mas Jesus nos escolheu. Ele decretou que quer ficar em nosso lar.

> Zaqueu pôs-se de pé, e disse ao Senhor: "Senhor, a metade dos meus bens darei aos pobres, e se prejudiquei alguém, vou devolver quatro vezes mais". (Lc 19,8)

Zaqueu fez isso porque sua vida já tinha mudado. Apenas por meio de uma verdadeira transformação, que só é possível quando o Senhor toca no coração, alguém se desprende de seus bens materiais.

> Jesus lhe disse: "Hoje aconteceu a salvação para esta casa, porque também este é um filho de Abraão. Com efeito, o Filho do Homem veio procurar e salvar o que estava perdido". (Lc 19,9-10)

O Senhor realiza esse Evangelho também em nossos dias! É preciso clamar: "Quero Deus, necessito de Deus na minha família".

Diga ao Senhor:

Jesus, escolheste a mim apesar da minha fraqueza e do meu pecado. Escolheste a mim para levar-te para a minha casa.

Senhor, não sou digno de que entres na minha casa, mas preciso que entres e digas uma palavra e a minha casa será transformada. A minha família será mudada. Entra na minha casa e permanece nela, Senhor.

Tenho a alegria de levar-te para a minha casa.

Enfrentamos um tempo difícil; os problemas na nossa família não são apenas naturais ou humanos. Problemas existem, porque o inimigo quer destruir a nossa casa. Uma forma de destruí-la é colocar revolta em nossos corações. Revolta contra pai, contra mãe... Você é um inocente útil para os seus planos malignos...

Não há pai ou mãe que não erre. Infelizmente, todos os filhos acabam feridos por algo que o pai ou a mãe disse, ou fez. Ou ainda por algo que o pai não fez, pela desconfiança dele, pela palavra que a mãe disse e feriu...

Muitas coisas podem acontecer e nos ferir, e muitas marcas serão carregadas por toda a nossa vida. O inimigo cria em nós ressentimentos, mágoas, até conseguir chegar à revolta.

Depois de um tempo, não suportamos mais conviver com a pessoa. O desejo é sair de casa e procurar na rua o que não é encontrado no lar. Há quem busque até mesmo algo bom como o grupo de oração, o ministério de música, uma comunidade, um grupo de jovens, mas tudo como uma fuga, porque não suporta mais ficar em casa. O que antes era ressentimento, mágoa, irritação, torna-se raiva, rancor, revolta. E, logo depois, ódio e vingança.

É como uma doença: se não for curada a tempo, aumenta e se torna crônica. É preciso reconhecer que essa é uma arma desleal do inimigo para nos tornar "inocentes úteis" e destruir nossa casa e nossa família. É ele que, de maneira covarde, instiga em nós todos esses sentimentos ruins com o único objetivo de implodir nossa casa e toda a nossa família.

Declare agora que você quer ser instrumento de amor e não de destruição em sua casa:

Preciso expressar amor. Quero amar o meu pai e que ele sinta que eu o amo. Quero amar a minha mãe e que ela sinta que eu a amo. É preciso que eu ame os meus irmãos e que eles sintam que eu os amo.

Senhor Jesus, diante de ti, digo não a toda decepção com meu pai e minha mãe, com a minha família. Digo um basta à revolta que, infelizmente, foi nascendo no meu coração.

Peço-te, Senhor, arranca tudo isso do meu coração. Não quero ficar com esses sentimentos ruins. Quero que venha à tona o amor que existe no meu coração.

Amo o meu pai, a minha mãe e preciso do amor deles. Amo a minha família e preciso dela. Por isso, hoje rompo com todo esse passado e perdoo o meu pai e a minha mãe. Perdoo cada pessoa da minha família. Peço perdão ao meu pai e à minha mãe. Preciso ser perdoado, mas também quero perdoar. Obrigado, Senhor, porque posso perdoar a tudo e a todos.

Obrigado, Senhor, porque existe amor no meu coração. Quero entrar na minha casa disposto a amar.

Não vou entrar na minha casa sozinho: vou entrar com o Senhor.

E porque o Senhor vai entrar comigo na minha casa, tudo se transformará.

Deus fará maridos e esposas novos

As pessoas da sua casa talvez não tenham recebido essa graça que você está recebendo. E, por não a terem vivenciado, continuarão sendo as mesmas pessoas. Mas saiba: você mudou. O "Zaqueu" escolhido por Jesus foi você, para que leve à sua casa e mude tudo em sua família. Não temos o poder de mudar a nossa casa, mas Jesus tem. É por isso que Ele quer entrar, conosco, em nossa casa.

Digo-lhe: "Paciência, meu filho! Paciência, minha filha! Aguenta! Retome agora o caminho novo do amor, do perdão. Manifeste amor, carinho para com seu pai, sua mãe, seus irmãos. Recomece. É vida nova!"

Ninguém consegue ficar sem família, sem amor, sem amizade, sem calor humano. Se não temos isso em casa, buscamos fora.

Deus fez você, homem, para ser pai, para fecundar aquela que Ele escolheu para ser sua esposa. Deus fez você homem para criar filhos e construir a sua família. Ele tem confiança em você, por isso o fez participante do seu poder criador. Deus lhe escolheu para gerar vidas.

Infelizmente, o inimigo tem transformado a nossa sexualidade em lama e sujeira. Você não é homem para isso. Sei que a tentação é constante, principalmente por causa da imposição da mídia, com suas novelas, propagandas, filmes e músicas.

Homem, você não foi criado para a devassidão; você não é um "irresponsável". Pelo contrário, você é o filho de Deus, escolhido para ser pai de uma família e povoar o Céu com os filhos escolhidos por Ele. Homens, não sejam mais tolos em si continuar destruindo a si mesmos e suas famílias. O Senhor não nos fez para destruir. Fomos escolhidos para ser os representantes de Deus Pai em nossa família.

Ele nos diz: "Quero entrar na sua casa como entrei na casa de Zaqueu para mudar você, sua vida, sua casa, sua família e fazer novas todas as coisas. Eu sou o Senhor e posso fazer isso; para mim nada é impossível".

Dê a sua resposta:

Creio, Senhor, que para ti nada é impossível. O Senhor pode mudar tudo!

Muda minha vida, meu coração, minha família, minha casa.

Creio que tudo é possível àquele que crê. Creio, Senhor, muda a minha vida.

Você, mulher, saiba que Deus a fez inteiramente amor. Ele a fez sensível como a pétala de uma rosa: por causa de sua delicadeza, qualquer coisa pode lhe ferir e machucar.

Mulher, você foi escolhida por Deus para gerar filhos no seu próprio ventre. Ele a fez mulher para ser mãe e educadora; formar, fazer crescer, dar filhos e filhas para Deus. Justamente por causa da beleza da sua escolha, o inimigo tem feito de tudo para desviá-la de sua vocação de mulher, esposa, irmã, companheira e educadora.

Ele tem jogado sujo, usando principalmente a sua sensibilidade. Por meio de novelas, filmes e músicas ele tenta desviar sua sensibilidade e levá-la a buscar amor e carinho de forma errada, com a pessoa errada e na hora errada. Sua fome é de amor, mas a tentação pode deturpar tudo, levando-a à sensualidade, à sedução. Em vez de amor, ele lhe devolveu sexo.

Deus depositou uma imensa confiança em você, mulher. Por isso, declare a Ele:

Obrigada, Senhor, por essa confiança. O Senhor me fez mulher. O Senhor me fez para ser mãe e educadora.

Eu me arrependo dos meus erros, dos meus pecados, da minha ingenuidade. Digo não a tudo isso.

Peço-te, Senhor, assim como tu podes ressuscitar os mortos, ressuscita o meu ser de mulher. Tu podes me fazer nova, totalmente nova no corpo, na alma, no espírito.

Muda-me, Senhor. Transforma-me, Senhor.

Existem muitas mulheres, tanto casadas quanto solteiras, que já sofreram pela ação do inimigo, sentindo-se acusadas e decepcionadas consigo mesmas. Chegam a pensar: "Agora não tem mais jeito, já aconteceu". Mesmo que a virgindade física tenha sido perdida, Deus pode refazer todas as coisas. Ele pode devolver a pureza de seu coração, de seu espírito, bem como sua integridade. Ele a quer pura, santa. Ele a quer mãe, esposa, irmã, companheira, educadora.

Assim como Ele disse à filha de Jairo que estava morta: "Talitá cum!" (que quer dizer: "Menina, eu te digo, levanta-te") (Mc 5,41), Ele diz a você: "Menina, levanta-te! Acorda! Vem para a vida. Quero te fazer mulher nova".

Nossa Senhora lhe conhece, por isso peça a ela sua intercessão:

Maria, Mãe de Jesus, entrego-me nas tuas mãos de mãe.

Sou de Deus, sou tua filha. Guarda-me, defende-me, protege-me, conduz a minha feminilidade. Torna-me pura, torna-me mulher de Deus. Torna-me santa.

Jesus, te aceito hoje como meu Senhor. Comanda a minha vida.

Não quero mais viver na ingenuidade. Quero ser guiada por ti. Eu te aceito como meu Salvador.

Obrigada, porque salvaste a minha pureza, a minha sexualidade, a minha capacidade de amar.

Eu me entrego a ti. Quero, antes e acima de tudo, ser mulher de Deus, mãe e educadora para dar a ti uma família santa.

Ajuda-me, Senhor!

Os homens também precisam pedir a intercessão de Maria para vencer essa luta:

Maria, entrego-me nas tuas mãos! Sou teu! Preciso de ti. Preciso do teu amor, da tua proteção de mãe.

O inimigo tem sido muito cruel, muito covarde. Maria, Mãe de Jesus, cuida de mim pois, antes de tudo, sou teu filho. Cuida da minha sexualidade, da minha masculinidade.

Maria, vem curar aquilo que foi ferido. Vem restaurar aquilo que foi estragado.

Maria, tu podes fazer isso. Contigo e por ti quero entregar-me totalmente a Jesus. Ele é Senhor. Ele é o meu Salvador.

Amém!

Maria, a dona de nossa casa

Jesus e Maria precisam ser entronizados em nossa casa para que nós e nossa família sirvamos ao Senhor. Que Jesus e Maria sejam os Donos, os Senhores da nossa casa!

Aquele que acredita que Maria está em primeiro lugar e Jesus em segundo está errado. Nenhuma mãe deseja isso; pelo contrário, ela se eclipsa para que o filho apareça. É o que Nossa Senhora faz: existe por causa de seu Filho.

Foi em vista da vinda do Filho de Deus a este mundo que ela foi escolhida para ser a sua mãe. Ele teve sempre a precedência, mas, como o Pai quis que seu filho se fizesse homem e tivesse uma mãe biológica, Maria foi a escolhida em vista do filho. Por ser sua mãe, ela também se põe a seu serviço: "É preciso que Ele cresça e que eu diminua".

Deus quis que todas as coisas fossem criadas por Ele e para Ele. Já estava no plano imutável do Pai que o seu Filho se fizesse homem e, como Homem-Deus, fosse o primogênito de todas as criaturas.

É isso que atesta a Carta aos Colossenses:

> Ele é a imagem do Deus invisível, o primogênito de toda a criação, pois é nele que foram criadas todas as coisas, no céu e na terra, os seres visíveis e os invisíveis, tronos, dominações, principados, potestades; tudo foi criado por ele e para ele. (Cl 1,15-16)

Era a vontade do Pai que seu Filho viesse a este mundo e fosse o "Irmão Maior". Primogênito é o primeiro dos filhos. Para que seu Filho fosse o primogênito entre uma multidão de irmãos, conforme atesta São Paulo na Carta aos Romanos (cf. Rm 8,29), a primeira criatura pensada foi Maria. Ela foi escolhida para ser a mãe do Filho de Deus, e a mãe de todos nós.

No alto da cruz, Jesus nos deu Maria como mãe; lá proclamou-a e a entregou em definitivo como nossa mãe, pelo alto preço de seu sangue.

Toda aversão a Maria é causada pelo inimigo, que um dia fora um anjo de Deus. Ele confiou a esse anjo a tarefa de preparar a terra e a humanidade para o seu Filho. Esse anjo era o mais sábio, o mais cheio de qualidades, o mais cheio de luz, e que por isso se chamou Lúcifer.

Quando lhe foi revelado que o Filho de Deus viria a este mundo como homem e, ainda, que o Filho de Deus teria uma mãe humana a quem deveria servir, ele se rebelou: "Não servirei! Eu, 'o príncipe deste mundo', não servirei a uma criatura humana. Ao Filho de Deus feito homem ainda poderia servir, mas a essa mulher que será sua mãe, não. A ela eu não servirei".

Ele havia sido criado para servir, mas se determinou a não servir. No momento em que se recusou a seguir os planos do Pai perdeu a razão de sua existência, da sua missão. Lúcifer, constituído por Deus com tantas qualidades, determina-se a não colaborar para a vinda de Jesus; pelo contrário, seu objetivo passa a ser o oposto: impedir que Jesus venha e seja o Senhor, o primogênito entre muitos irmãos.

Ele, então, começa a nutrir um ódio mortal por aquela Mulher, por intermédio da qual o Filho de Deus viria e se faria homem. Isso está anunciado no livro de Gênesis: "Porei inimizade entre ti e a mulher, entre a tua descendência e a dela. Esta te ferirá a cabeça e tu lhe ferirás o calcanhar" (Gn 3,15).

Hoje, Lúcifer ainda impede Jesus de ter uma multidão de irmãos e, consequentemente, o Pai de ter uma multidão de filhos. Ele quer impedir, como anticristo, a vinda de Jesus e a implantação de seu reino. Mas ele não atingirá seu objetio, podemos acreditar nisso!

Por tudo isso é que ele odeia Jesus e seu senhorio, e nutre um ódio mortal por sua Mãe. O inimigo disse que não serviria ao Filho de Deus feito homem e muito menos à Mãe de Jesus, a mãe de todos os homens, a primeira de todas as criaturas. Mas nós, que temos Deus como Pai e Jesus como Irmão Maior, dizemos:

Nós, família de Deus Pai, serviremos ao Senhor.

Eu e minha casa, eu e a minha família serviremos ao Senhor.

Serviremos a Jesus para que Ele venha e implante o seu Reino. Para que Ele seja o primogênito no meio de uma multidão de filhos. Sou um desses irmãos. Sou um desses filhos. Servirei ao Senhor.

Creio, Senhor, que Nossa Senhora, que trouxe Jesus a primeira vez, está preparando a sua segunda vinda.

Lúcifer não quis preparar este mundo para que o Senhor reinasse. Ele disse: "Eu sou o príncipe deste mundo; não vou servir".

Estou com Maria. Eu me consagro a ela, preparando esta terra e esta humanidade para a vinda de Jesus, o Filho de Deus.

Para que você e sua casa sirvam ao Senhor, é preciso que Jesus seja o Rei, o Senhor da sua casa. Jesus está dizendo que há uma "porta aberta" para todos; basta querer entrar. Por outro lado, Ele mesmo pede: "Meu filho, quero entrar na sua casa. Preciso entrar e permanecer nela. Deixe-me entrar. Abra a porta da sua casa e do seu coração para mim, como eu abro a porta do meu coração para você".

Muita coisa mudou na Canção Nova quando o Imaculado Coração de Maria, na sua imagem de Fátima, veio nos visitar. Tenha certeza: porque ela entrou em sua casa, tudo também vai mudar.

Eu lhe convido a fazer a entronização do Coração de Jesus e de Maria em sua casa. Tome uma imagem ou um quadro, a fim de que, entronizados, Jesus e Maria permaneçam no seu lar. Que eles sejam os donos da sua casa e assim você possa dizer: *Eu e minha casa serviremos ao Senhor!*

Dê sua resposta a Ele:

Jesus, entra no meu coração. Eu abro a porta. Entra e toma conta.

Vem ser o Senhor, o dono. Tu és o Senhor, o dono. Tu és o Senhor da minha vida.

Entra na minha casa e fica. Vem ser o Senhor, o dono da minha casa. Entrego-te cada um dos membros da minha família, cada uma das pessoas que vivem comigo. Cuida deles. Vem ser o Senhor, vem ser o dono para ordenar tudo.

Muito obrigado, Jesus.

Para viver o "Eu e a minha casa serviremos ao Senhor" é preciso entronizar Jesus e Maria em nossa casa.

Por isso, proclame:

No trono da minha casa está Jesus. Ele é o Senhor, o dono do meu lar. Senhor, entrego-te e consagro a minha casa.

Maria vai à frente para preparar o caminho, para fazer o trabalho próprio de Mãe. Por isso, Nossa Senhora, estou te pedindo que entres no meu coração, na minha casa. A Senhora está também com seu coração aberto para que todos possam entrar. Eu preciso entrar.

Quero ser gerado, como Jesus, no teu coração. Gera-me de novo no teu coração. Quero ficar aí protegido do pecado e defendido contra a tentação. Sei que no teu coração vou ter proteção, abrigo, refúgio.

Peço que entres no coração de cada um dos membros da minha família. Eles precisam de ti, como eu também preciso.

Nossa Senhora, eu a entronizo hoje na minha casa, para que sejas a dona. Eu a constituo dona da minha casa. Manda, dirige, ordena a minha casa, para que eu e minha casa sirvamos ao Senhor.

Obrigado, Maria, porque entraste e porque permanecerás na minha casa.

Amém.